Norwegian Folk Tales, Fairy Tales and Trolls:

Tuss og Troll
Volume 2

21 bilingual stories in English and Norwegian from the collection of
Peter Christen Asbjørnsen and Jørgen Moe, as well as others

Retold by Øyvind Dybvad, Gard Espeland, Velle Espeland
and Johannes Farestveit

Illustrated by Solveig Muren Sanden, Jens R. Nilssen and Ralph A. Styker

Translated into English by Odd-Steinar Dybvad Raneng and
Alexander Knud Huntrods

Edited, designed and published by Deb Nelson Gourley

Astri My Astri Publishing

Norwegian Folk Tales, Fairy Tales and Trolls: Tuss og Troll
Volume 2

Copyright © 2013 by Norsk Barneblad. Printed in the United States of America. All rights reserved. No part of this book may be reproduced in any form or by any electronic or mechanical means including information storage and retrieval systems without permission in writing from the publisher, except by a reviewer, who may quote brief passages in a review.

My heartfelt thanks to Norsk Barneblad for permission to publish the bilingual English and Norwegian Tuss og Troll. Also to Arild Fjukstad for providing the yearly issue covers from 1946 to the present and to Jan Olav Vågen for the 1945 issue.

This translation has been published with the financial support of NORLA (Norwegian Literature Abroad, Fiction & Non-fiction).

Library of Congress Control Number: 2012945465

ISBN: 978-0-9859712-1-2

From the collection of Peter Christen Asbjørnsen and Jørgen Moe, as well as others
Retold by Øyvind Dybvad, Gard Espeland, Velle Espeland and Johannes Farestveit
Illustrated by Solveig Muren Sanden, Jens R. Nilssen and Ralph A. Styker
Translated into English by Odd-Steinar Dybvad Raneng and Alexander Knud Huntrods
Edited and designed by Deb Nelson Gourley
Norwegian proofed by Nana Rise-Lynum
Tuss og Troll yearly issue covers provided by Arild Fjukstad and Jan Olav Vågen
Cover layout by Chris Shelton
Website distribution by Anundsen Publishing Company, Decorah, IA

Published and marketed by:
Astri My Astri Publishing
Deb Nelson Gourley
602 3rd Ave SW
Waukon, IA 52172 USA
Phone: 563-568-6229
gourleydeb@gmail.com
http://www.astrimyastri.com

First printing 2013, Made in USA

Peter Christen Asbjørnsen (1812 — 1885)

Peter Christen Asbjørnsen was born on 15th January 1812 in Christiania [present day Oslo], where his father was a glazier. School studies addressed him less than [Sir] Walter Scott and the outdoor life in the city's environs and in 1827 he was sent north to Ringerike for private tuition to prepare him for the *Examen Artium* [entrance examination to university]; there he befriended his co-worker to be, the similarly aged, Jørgen Moe. In 1833 he became a [university] student, but was immediately compelled to take up a position as a tutor. When he four years later came back to Christiania, he began medicinal studies and threw himself with ardor into Natural History; especially awaking his interest in Zoology, which he not only dealt with in several writings and dissertations, but also enriched with the discovery of new species. Later he turned himself to more practical areas. From 1856-1858 he studied through a public scholarship, forestry, in Germany. After his homecoming he was appointed to district forestry superintendent in the counties around Trondheim, and in 1864, after a new travel grant, amongst others, to Denmark and Holland, he was appointed as head of the State Peat Operations. In this position he remained, until he in 1876 resigned. A long series of writings of forestry, peat operation and other national economic topics arising from this time frame, including a cookbook Fornuftig madstel — 1864], which gave rise to a lengthy [1864-1867] polemic of the so-called *Grødkrig* [Porridge War].

What gives Asbjørnsen his major significance for Norway's intellectual life, is his work in the service of traditional poetry. Already the same year he became a [university] student, he began slowly to record folktales and legends, and in 1842, in conjunction with Jørgen Moe. He published the first booklet of *"Norske Folke-Eventyr* [Norwegian Folktales], collected and told by P. Chr. Asbjørnsen and Jørgen Moe". This collection which has been published in many issues, assimilates as a continuation of *"Norske Folke-Eventyr*, told by P. Chr. Asbjørnsen. New Collection. With Contribution from Jørgen Moe's Travels and Records", 1871 and 1876. — As well as adventure, Asbjørnsen also collected folktales, which he released in a setting of fresh fragrant nature and tales of folk life, *"Norske Huldre-Eventyr og Folkesagn"*, 1845—1848. Asbjørnsen died in Christiania 6th January 1885.

• • • • •

Peter Christen Asbjørnsen er født 15. Januar 1812 i Christiania, hvor hans Fader var Glasmester. Skolestudierne tiltalte ham mindre end Walter Scott og Friluftslivet i Byens Omegn, og i 1827 blev han sendt op til Ringerike for under privat Tilsyn at forberedes til Artium; der lærte han sin senere Ven og Medarbeider, den omtrent jævnaldrende Jørgen Moe, at kjende. Student blev han i 1833, men var nødt til strax at tage ud som Huslærer. Da han fire Aar efter kom tilbage til Christiania, begyndte han paa det medicinske Studium og kastede sig med Iver over Naturhistorie; især vaktes hans Interesse af Zoologien, som han ikke alene behandlede i flere Skrifter og Afhandlinger, men ogsaa berigede ved Opdagelsen af nye Dyreformer. Senere vendte han sig mod praktiske Omraader. Fra 1856-1858 studerede han med offentligt Stipendium Forstvidenskab i Tyskland. Efter sin Hjemkomst blev han udnævnt til Forstmester i de trondhjemske Amter, og i 1864, efter en ny Stipendiereise, bl. a. i Danmark og Holland, ansattes han som Leder af Statens Torvdrift. I denne Stilling blev han staaende, indtil han i 1876 tog sin Afsked. En lang Række Skrifter om Skovbrug, Torvdrift og andre nationaløkonomiske Emner hidrører fra denne Tid, deriblandt en Kogebog, der gav Anledning til en langvarig Avisfeide, den saakalde »Grødkrig«.

Det, der giver Asbjørnsen hans væsentlige Betydning for Norges Aandsliv, er hans Arbejde i Folkedigtningens Tjeneste. Allerede samme Aar, han blev Student, begyndte han saa smaat at optegne Eventry og Sagn, og i 1842 kunde han sammen med Jørgen Moe udsende det første Hefte af »Norske Folke-Eventyr, samlede og fortalte af P. Chr. Asbjørnsen og Jørgen Moe«. Til denne Samling, der er udgaaet i mange Oplag, slutter sig som Fortsættelse »Norske Folke-Eventyr, fortalte af P. Chr. Asbjørnsen. Ny Samling. Med Bidrag fra Jørgen Moes Reiser og Optegnelser«, 1871 og 1876. — Ved Siden af Eventyr samlede Asbjørnsen ogsaa Folkesagn, som han gjengav i en Ramme af friske duftende Natur- og Folkelivsskildringer, »Norske Huldre-Eventyr og Folkesagn«, 1845—1848. Asbjørnsen døde i Christiania 6. Januar 1885.

Jørgen Moe (1813 — 1882)

Jørgen Moe is the son of a farmer from the farm Moe in Hole Parish, Ringerike, where he was born, 22nd April 1813. His father decided on his studies early, and from fall of 1826 he received private tuition in the *Artium* subjects [university entrance subjects] in his home town. After 1830, having become a [university] student, he was for a long time extensively occupied with esthetic and belletristic literature, but after some hesitancy decided on theology studies, and graduated in 1839. Already during his study years he had to make a living by giving tuition; from this time forth he was a teacher at various schools and for two years was a private tutor at ironworks owner, Jakob Aall at Næs, until he in 1845, was appointed as a teacher at the Royal Norwegian Military Academy, where he taught for eight years. At the same time he was for some years a research fellow at the university, in Norwegian Folk Traditions. In 1853 he began ecclesiastical work, first as chaplain in Krødsherred, later as a vicar in Drammen, and finally in Vestre Aker near Christiania. From there he received in 1875, the calling for bishop in Christiansand, where he died on 27th March 1882.

Moe debuted in 1834 with a polemicist poem against Henrik Wergeland's Critique of Oehlenschläger's Poetry. However, his first *poem* was only published in 1849. Two years later followed his children's tales *I Brønden og i Tjernet* [In the well and in the tarn], and in 1855 a collection of religious poetry.

His influence on Norwegian literature, Moe in a fashion, blames Asbjørnsen, especially the classical rendering of folktales. The primary foundation to his collections he made in 1834, and three years later he joined Asbjørnsen for retelling and publishing of both their works. For the second release of the tales (1851) Moe wrote an introduction, which among other things explains the character types in these folk fantasies' emergence. Also he published the first small collection of Norwegian folk songs and rhymes (1840), and recorded a considerable number of old ballads, of which a number are published in Sophus Bugge's and Svend Grudtvig's song collections.

· · · · ·

Jørgen Moe er en Bondesøn fra Gaarden Moe i Hole Sogn paa Ringerike hvor han blev født 22. April 1813. Hans Fader bestemte ham tidlig for Studierne, og fra Høsten 1826 fik han privat Undervisning i Artiumsfagene i sin Hjembygd. Efter i 1830 at være bleven Student var han i længere Tid stærkt optagen af Æsthetik og Skjønlitteratur, men valgte efter nogen Vaklen Theologi til Studium, og blev i 1839 Kandidat. Allerede under Studieaarene havde han maattet skaffe sig sit Livsophold ved at give Undervisning; fra nu af var han Lærer ved forskjellige Skoler og i to Aar Huslærer hos Jernværkseier Jakob Aall paa Næs, indtil han i 1845 blev ansat som Lærer ved den kgl. norske Krigsskole, hvor han virkede i otte Aar. Samtidig var han et Par Aar Adjunktstipendiat ved Universitetet i norsk Folketradition. I 1853 gik han over i geistlig Virksomhed, først som residerende Kapellan i Krødsherred, senere som Sognepræst i Drammen, og tilslut i Vestre Aker ved Christiania. Derfra blev han i 1875 kaldet til Biskop i Christiansand, hvor han døde 27. Marts 1882.

Moe debuterede 1834 med et polemist Digt mod Henrik Wergelands Kritik over Oehlenschlägers Digtning. Hans første »Digte« udkom dog først 1849. To Aar efter fulgte hans Barnefortællinger »I Brønden og i Tjernet«, og i 1855 en Samling religiøse Digte.

Sin Betydning for den norske Litteratur skylder Moe, ligesom Asbjørnsen, især den klassiske Gjengivelse af Folke-Eventyrene. Den første Grund til sine Samlinger lagde han i 1834, og tre Aar senere forenede han sig med Asbjørnsen til Gjenfortælling og Udgivelse af begges Optegnelser. Til den 2den Udgave af Eventyrene (1851) skrev Moe en Indledning, der bl. a. gjør Rede for Karaktertyperne i disse Folkefantasiens Frembringelser. Ligessa udgav han den første lille Samling af norske Folkeviser og Stev (1840), og optegnede et betydeligt Antal gamle Viser, hvoraf en Del er udgivne i Sophus Bugges og Svend Grudtvigs Visesamlinger.

[Asbjørnsen og Moe — Kilde/Source: P. Chr. Asbjørnsen, *Norske Folke- og Huldre-Eventyr i Udvalg*, Glydendalske Boghandels Forlag, Kjøbenhavn, 1896.]

Table of Contents/Indholdsfortegnelse

	Page
The Three Billy Goats Gruff — *Bukkane Bruse* Published 1956, retold by Øyvind Dybvad, illustrated by Jens R. Nilssen	**6-9**
Grimsbork the Bay Stallion — *Grimsborken* Published 1956, retold by Johannes Farestveit, illustrated by Jens R. Nilssen	**10-25**
To the forest and build a house — *Til skogs og byggja hus* Published 1956, retold by Johannes Farestveit, illustrated by Jens R. Nilssen	**26-33**
The hen is out hiking in the mountain — *Høna trippar i berget* Published 1982, retold by Johannes Farestveit, illustrated by Solveig Muren Sanden	**34-45**
The haymakers at the summer pasture — *Slåttekarane på stølen* Published 1982, retold by Johannes Farestveit, illustrated by Solveig Muren Sanden	**46-47**
The Polar Bear — *Kvitebjørnen* Published 1984, retold by Johannes Farestveit, illustrated by Solveig Muren Sanden	**48-55**
The Pastor and the Cotter — *Presten og husmannen* Published 1984, retold by Johannes Farestveit, illustrated by Solveig Muren Sanden	**56-59**
The Smithy and the Princess — *Smeden og kongsdottera* Published 1984, retold by Johannes Farestveit, illustrated by Solveig Muren Sanden	**60-67**
The old troll who wanted to propose — *Trollgubben som skulle fri* Published 2001, retold by Gard and Velle Espeland, illustrated by Solveig Muren Sanden, handcolored by Håkon Aasnes	**68-75**
The Boy, the Giant and the Girl — *Guten og jøtulen og jenta* Published 2001, retold by Øyvind Dybvad, illustrated by Jens R. Nilssen, handcolored by Håkon Aasnes	**76-95**
The Bear and the Fox — *Bjørnen og reven* Published 1954 and 2001, retold by Øyvind Dybvad, illustrated by Ralph A. Styker, handcolored by Håkon Aasnes	**96-97**
The Troll and the Thunderstorm — *Trollet og Toreveret* Published 2007, retold by Gard Espeland, illustrated by Solveig Muren Sanden, handcolored by Håkon Aasnes	**98-103**
Redfox and the Ash-lad — *Rauderev og Oskeladden* Published 1960 and 2010, retold by Johannes Farestveit, illustrated by Solveig Muren Sanden	**104-117**
Widow Fox — *Reve-Enkja* Published 1960 and 2010, retold by Johannes Farestveit, illustrated by Solveig Muren Sanden	**118-123**
Peter, Paul and Espen the Ash-lad — *Per, Pål og Espen Oskeladd* Published 1961 and 2011, retold by Johannes Farestveit, illustrated by Solveig Muren Sanden	**124-131**
The mill that is still grinding on the bottom of the sea — *Kverna som står og mel på havsens botn* Published 1961 and 2011, retold by Johannes Farestveit, illustrated by Solveig Muren Sanden	**132-141**
The clever fox — *Den lure reven* Published 1961 and 2011, retold by Johannes Farestveit, illustrated by Solveig Muren Sanden	**142-145**
The Shoemaker — *Skomakaren* Published 1961 and 2011, retold by Johannes Farestveit, illustrated by Solveig Muren Sanden	**146-153**
The Ham Shank — *Fleskeskinka* Published 1962 and 2012, retold by Johannes Farestveit, illustrated by Solveig Muren Sanden	**154-165**
The Ash-lad and the Red Horse — *Oskeladden og den raude hesten* Published 1962 and 2012, retold by Johannes Farestveit, illustrated by Solveig Muren Sanden	**166-171**
The Wood-collier — *Kolbrennaren* Published 1962 and 2012, retold by Johannes Farestveit, illustrated by Solveig Muren Sanden	**172-183**

The Three Billy Goats Gruff

Once upon a time, there were three billy goats that wanted to go up to the summer pasture and eat themselves fat. On the way, there was a bridge over a waterfall. Under the bridge there lived a terrible troll with eyes like tin plates and a nose as long as a poker.

First came the smallest billy goat Gruff. — Tripp, trapp, it went. — Who is that tripping over my bridge? roared the troll. — Oh, it is me who is going up to the pasture to make myself fat, answered little billy goat Gruff. He had such a high-pitched voice.

Now I'm coming to get you! said the troll. — Oh no, don't take me, because I am so small. Just wait a while and along will come the middle billy goat Gruff. He is much larger than I. — Well, I better do that then, said the troll and lay back down again.

After a while came the middle billy goat Gruff over the bridge. — Tripp, trapp, tripp, trapp, went the bridge. — Who is that tripping over my bridge? roared the troll very grumpily.

— Oh, it is the middle billy goat Gruff, I am going up to the pasture to make myself fat, said the billy goat, he was not so high-pitched in his voice. — Now I'm coming to get you! said the troll.

Oh no, don't take me, but wait a while, and the big billy goat Gruff will come. He is much, much bigger, said the billy goat. — Well, I better do that then, said the troll and lay back down again.

Bukkane Bruse

Det var ein gong tre bukkar som skulle til sætra og gjera seg feite. På vegen var ei bru over ein foss. Under den brua budde det eit fælt troll med augo som tinntallerkar og nase så lang som eit riveskaft.

Fyrst kom den minste bukken Bruse. — Tripp, trapp, sa det. — Kven er det som trippar på brua mi? skreik trollet. — Å, det er eg som skal til sætra og gjera meg feit, svara vesle bukken Bruse. Han var så grann i målet.

No kjem eg og tek deg! sa trollet. — Å nei, tak ikkje meg, for eg er så liten, eg. Bi berre litt, så kjem den mellomste bukken Bruse. Han er mykje større enn eg. — Eg får vel det då, sa trollet og la seg ned att.

Om ei stund kom den mellomste bukken Bruse over brua. — Tripp, trapp, tripp, trapp, sa det i brua. — Kven er det som trippar på brua mi? skreik trollet retteleg morskt.

— Å, det er den mellomste bukken Bruse, eg skal til sætra og gjera meg feit, sa bukken, han var ikkje så grann i målet, han. — No kjem eg og tek deg! sa trollet.

Å nei, tak ikkje meg, men bi litt, så kjem den store bukken Bruse. Han er mykje, mykje større, sa bukken. — Eg får vel det då, sa trollet og la seg ned att.

Norwegian Folk Tales, Fairy Tales and Trolls: 7   Tuss og Troll

Suddenly, the big billy goat Gruff came: — Tripp, trapp, tripp, trapp, tripp, trapp, went the bridge. He was so heavy that the bridge both creaked and groaned.

— Who is tramping on my bridge? roared the troll. — This is the big billy goat Gruff! said the goat. He sounded terribly impatient. — Now I'm coming to get you! roared the troll.

— Aye, just you come! I have two spears with which I will poke your eyes out. I have two huge rocks, with which I will crush both marrow and bone! said the billy goat and butted the troll back down into the waterfall.

Then the big billy goat Gruff turned away and went his way over the bridge and up along the path to the pasture, after the other goats.

And so he arrived at the pasture as well. There the billy goats became so fat, so fat that they almost did not manage to go back home.

If they have not lost all that fat yet, then they are still fat. So, snip, snap, snout — this story has come to an end.

• • • • •

Rett som det var, kom den store bukken Bruse: — Tripp, trapp, tripp, trapp, tripp, trapp, sa det i brua. Han var så tung at brua både knaka og braka.

— Kven er det som trampar på brua mi? skreik trollet. — Det er den store bukken Bruse! sa bukken. Han var fælt grov i målet. — No kjem eg og tek deg! skreik trollet.

— Ja, kom du! Eg har to spjut, med dei skal eg stinga augo dine ut. Eg har to store kampestein, med dei skal eg knasa både merg og bein! sa bukken og stanga trollet ned att i fossen.

Så snudde den store bukken Bruse seg ifrå og gjekk sin veg over brua og oppetter sætervegen, etter dei to andre bukkane.

Og så kom han til sætra, han og. Der vart bukkane så feite, så feite at dei orka mest ikkje å gå heim att.

Er ikkje alt feittet gått av dei att, så er dei feite enno. Og snipp, snapp, snute, her er eventyret ute!

Grimsbork the Bay Stallion

Once upon a time, a rich couple had twelve sons. The youngest did not want to stay at home anymore, once he had grown up. He wanted to go out in the world and try his luck, and in the end his parents gave him permission and let him go.

Finally, he came to the palace of a king. There he asked to go into service, and this was agreed upon. The princess had been taken up into the mountain by a nasty troll and the king had promised the princess and half his kingdom to the one who could rescue her.

When the boy had served there at the palace for a year, he wanted to go home again to greet his parents. But when he arrived home he was told that they had died — and the brothers had split everything between them. — Am I not to have anything then? he asked.

— Who was to know if you were still alive, you who was just roaming about? But up in the hills there are twelve mares with their foals beside them. You can take them if you want. The boy was satisfied with this, and he thanked them and left.

— You are so beautiful, my young foal! — Aye, but if you slay all the other young foals so that I can suckle all the mares for a year, then you will see that I will become big and beautiful! answered the foal. This, the boy did, and then walked home.

When he came back the following year, the foal was so glossy and so shiny that it just shone from him, and it was with difficulty that the boy was able to mount him. Each of the mares had a foal again, and the boy had to do as he had done the previous year.

Grimsborken

Det var ein gong eit par rike folk som hadde tolv søner. Den yngste ville ikkje vera heime lenger, då han vart vaksen. Han ville ut i verda og prøva lukka, og til sist måtte foreldra gjeva han lov til å fara.

Endeleg kom han til ein kongsgard. Der bad han om teneste, og det fekk han. Kongsdottera i landet var teken inn i berget av eit fælt troll, og kongen hadde lova henne og halve riket til den som frelste henne.

Då guten hadde tent der eit års tid, ville han heim att og lydast til foreldra sine. Men då han kom heim, var dei døde, og brørne hadde bytt alt imellom seg. — Skal ikkje eg ha noko då? spurde han.

— Kven kunne vita at du var til enno, du som har flakka så ikring? Men oppe i heiane går det tolv merrar med folungane sine. Dei kan du taka om du vil. Guten var nøgd, takka til og gjekk.

— Du er ven, du folungen min! — Ja, men vil du slå i hel dei andre folungane så eg får suga alle merrane eit år, skal du sjå at eg vert stor og ven då! svara folen. Guten gjorde det og gjekk heim.

Då han kom att neste året, var folen så feit, så feit at det glansa i håra på han, og det var med nauda at guten kom seg opp på han. Alle merrane hadde fått kvar sin folunge att, og guten måtte gjera som sist.

The last time the boy went back there, he became frightened. The bay foal had grown so huge and massive that the foal had to lie down before the boy was able to sit on his back. This time the bay foal was not hesitant to come home with the boy.

When he came riding home to his brothers, they clasped their hands together and crossed themselves. Such a foal they had never seen before. — If you can supply me with good shoes for the horse and a beautiful saddle and bridle, you can have all the mares and all their foals up in the hills, said the boy.

This the brothers agreed to. Stone chips just flew around when the boy rode away, and it gleamed and it glinted from the golden saddle and golden bridle. — Now we are off to the king's palace said Grimsbork! — This was the name of the horse. — And ask the king for good fodder and a fine stall for me.

— My oh my! said the king when the boy came riding along. — Such a fellow and such a horse I have never seen before in my whole life. And the boy was to be given work at the king's palace. — Aye, and a good stall and plenty of food I want for my horse, said the boy.

Aye, Grimsbork was to be given field hay and oats. The others had to take their horses out of the stable. Because of this, they lied to the king and said the boy had boasted that he was going to rescue the princess. So the king said that the boy would lose his life if he was not successful.

In the stable the boy told Grimsbork what had happened. — I shall help you, Grimsbork answered. — But I have to be well shod. You need to demand twenty pounds of iron and twelve pounds of steel and a blacksmith to forge the shoes and a farrier to put them on. This was agreed upon and they shod Grimsbork.

• • • • •

Siste gongen guten kom opp att, vart han reint fælen. Borkefolen var så stor og grovvaksen at han måtte leggja seg så guten kunne koma set opp på ryggen hans. Denne gongen var ikkje Borken uviljug til å fylgja med guten heim.

Då han kom ridande heim til brørne sine, slo dei hendene saman og krossa seg. Slik fole hadde dei aldri sett. — Kan de skaffa meg god skoning under han og gild sal og beisl, skal de få alle merrane og alle folane i heia, sa guten.

Det ville brørne. Steinflingrene spruta då guten reid bortetter, og det lyste og glima i gullsal og gullbeisl. — No dreg vi til kongsgarden! sa Grimsborken — det var namnet hans. — Men bed kongen om nøgda fôr og godt stallrom åt meg.

— Nei og nei! sa kongen då guten kom ridande. — Slik kar og slik hest har eg aldri sett i mitt levande liv. Og guten skulle få teneste i kongsgarden. — Ja, men godt stallrom og dugeleg med fôr vil eg ha til hesten min, sa guten.

Ja, Grimsborken skulle få vollhøy og havre. Riddarane laut taka hestane sine or stallen. Men dei laug for kongen og sa at guten hadde sagt seg god til å frelsa dotter hans. Kongen sa då at guten skulle missa livet om han ikkje greidde det.

Nede i stallen klaga guten seg til Grimsborken. — Eg skal hjelpa deg, sa han. — Men eg må vera godt skodd. Du skal krevja tjue pund jarn og tolv pund stål og ein smed til å smia og ein til å leggja under. Det fekk han, og dei skodde Grimsborken.

The boy rode out from the king's palace so that the sparks flew. When he tried to ride up the sheer side of the mountain, Grimsbork's two front legs slipped and they slid back down. Second time they reached a little higher, but Grimsbork, he slipped on the one leg, and down they came again, with a clatter.

— Now we must really try! said Grimsbork, and up he went so that the stones were flying as high as the sky, around them. This time they made it, and the boy saw the entrance to the troll's lair where the princess had been lured in.

The boy rode hell-bent into the mountain. He grabbed the princess, put her on the pommel of the saddle and rode out so fast that the troll did not even have time to stand up. And so the princess was rescued.

When the boy arrived back, the king was both happy and pleased. But the others had set him up. He just thanked the boy for his help. — Now she is to be mine. You do keep your word? asked the boy. — Aye, but first you need to get rid of that mountain so that the sun will shine into the palace.

The boy went to Grimsbork. — We can do that, but you must demand new shoes for me. This the boy did, and so it was done. He mounted Grimsbork, and off they went once more. For each hop the mountain sank 30 feet, and in the end it was finally gone.

The boy went to the king. — Now the sun is shining into the palace. So now the princess should be mine shouldn't she? he asked. The king answered that first he would need to provide an equally fine bridal horse for the princess, as his own. Or he would lose his life.

• • • • •

Guten reid or kongsgarden så gyven stod. Då han sette oppetter det stupbratte berget, gleid Borken med begge framføtene og rusa ned att. Andre gongen kom dei høgare, men Borken gleid med eine foten, og ned att bar det så det braka.

— No lyt vi prøva oss! sa Grimsborken, og så sette han i vegen oppetter så steinane spruta himmels høgt ikring dei. Då kom dei seg opp, og guten såg vegen inn i berget der kongsdottera sat bergteken.

Guten reid i fullt firsprang inn i berget. Han nappa kongsdottera opp til seg på salknappen og for ut att før trollet kom seg så mykje føre som å reisa seg. Og så var kongsdottera frelst.

Då guten kom att, vart kongen både glad og nøgd. Men dei andre hadde stelt han opp. Han berre takka for hjelpa. — Ho skal vera mi no. Du er vel ordstø? sa guten. — Ja, men fyrst skal du få bort berget så sola får skina inn i slottet.

Guten gjekk til Borken. — Det vert vel ei råd med det, men du må krevja ny skoning åt meg. Det gjorde guten, og han fekk det. Han sette seg opp på Borken, og så bar det i vei att. For kvart hopp sokk fjellet femten alner og vart borte.

Guten gjekk til kongen. — No skin sola inn i slottet. Då skal vel kongsdottera vera mi? sa han. Kongen svara at fyrst måtte guten skaffa henne ein like gild brurehest. Elles skulle han missa livet.

Feeling completely dejected the boy went to Grimsbork: — This is really unfair, he said, because an equal to you probably does not exist. — There is one, but it won't be easy to get him. He is in Helheim, the Viking land of the dead. You need to demand new shoes for me with really sharp hooks.

And you need to demand twelve barrels of rye, twelve barrels of barley and twelve ox carcasses. In each of the twelve ox hides there needs to be put in twelve hundred nails. And to top it off, we must have an extremely large tar vat with twelve barrels of tar in it.

The boy went to the king who thought it would be a shame to deny him this. Then he mounted the horse and rode far, far away, over mountains and hills. — Do you hear something? asked Grimsbork. — Aye, it is roaring something awful up in the air. I am beginning to be frightened.

— It is all the wild birds in the forest here that are coming. They have been sent to stop us. — Cut holes in the bags of grain. Then they will have something else to think about and will forget about us. Well the boy did as he was asked and the grain gushed out onto the ground.

There were so many birds that the sun was darkened. But when they saw the grain, they just could not help themselves, they picked and they ate. Finally they flew at each other and fought over the food, and they did not notice that the boy and Grimsbork had slipped away.

The boy now rode far and for a long time over mountains and hills. — Do you hear something now? asked Grimsbork. — Aye, it is roaring something awful in the forest. I am beginning to be frightened. — It is all the wild animals here in the forest. Just throw down all the ox carcasses!

· · · · ·

Tung i hugen gjekk guten til Borken: — Dette vert ugreitt nok, for maken din finst vel ikkje? — Å jau, men det vert ikkje lett å få han. Han er i helheimen, han. Du skal krevja ny skoning med retteleg kvasse hakkar åt meg.

Så skal du krevja tolv tunner rug, tolv tunner bygg og tolv ukseskrottar til å ha med oss. I alle tolv uksehudene skal det sitja tolv hundre spikrar i kvar. Og attpå må vi ha ei uhorveleg stor tjøretunne med tolv tunner tjøre i.

Guten gjekk til kongen, som tykte det var skam å nekta. Så sette han seg oppå og reid langt, langt bortover berg og heiar. — Høyrer du noko? spurde Borken. — Ja, det susar så fælt i lufta. Eg meiner eg vert redd.

— Det er alle dei ville fuglane i skogen her som kjem. Dei er utsende og skal stansa oss, sa Borken. — Skjer hol på kornsekkene. Då får dei nok å stima med og gløymer oss! Ja, guten gjorde det, og kornet rann ut.

Det kom så tjukt med fuglar at det svartna for sola. Men då dei såg kornet, kunne dei ikkje berga seg, dei pilla og åt. Til sist rauk dei i hop og slost seg imellom, og dei gådde ikkje at guten og Borken drog sin veg.

No reid guten langt og lenge over berg og dalar. — Høyrer du noko no? spurde Borken. — Ja, det brakar så stygt i skogen. Eg meiner eg vert redd. — Det er alle ville dyr i skogen her. Kast berre ut ukseskrottane!

Well, the boy threw down the carcasses; and then came both bears and wolves, lions and all sorts of horrible animals that are in the forest, and ate. And they ran at each other and fought so that the blood ran like rivers, and they forgot both the boy and Grimsbork.

And so the boy rode over many distant places yet again, and with Grimsbork it did not take long! Grimsbork neighed. — Do you hear something? he asked. — Aye, I hear something like a foal neighing. — That is most probably a grown foal, said Grimsbork.

They rode a good distance farther. — Do you hear something now? — Aye, now I hear neighing like a growing horse, answered the boy. — You will hear it once more, and then you will hear in his neighing that he is an adult horse! Then he neighed for the third time so loudly — as if the mountain itself was about to split.

— Now he is here! said Grimsbork. — Throw the ox hides over me, and put the tar vat over there and then climb up that tall pine tree. When he arrives, he will snort forth fire and set the vat alight. If the flames rise, I win, if the flames drop, then I lose.

If you see that I have won, you are to throw my bridle over him. Then he will become calm. When the boy had climbed up the tree, the horse arrived, and fire sprayed from his nose. The vat was lit and the horses began to bite and fight so that the stones were flying around their ears.

But everywhere the other horse bit or kicked, he was met with the nails in the hides. Finally, the flames flew into the air. And the boy was not slow in getting down from the tree and run forward to throw the bridle over this lively animal from the wild.

· · · · ·

Ja, guten kasta skrottane, og så kom både bjørn og gråbein, løve og alle slag fæle dyr som i skogen er, og åt. Men dei rende i hop og slost så blodet rann, og dei gløymde både guten og Grimsborken.

Så reid guten over mange, mange blånar att, og med Borken gjekk det ikkje seint! Borken kneggja. — Høyrer du noko? sa han. — Ja, eg høyrer liksom ein folunge kneggja. — Det er nok ein vaksen folunge det, sa Borken.

Dei reiste eit godt stykke til. — Høyrer du noko no? — Ja, no høyrde eg det kneggja som ein vaksen hest, svara guten. — Ja, du får nok høyra han ein gong til, og at han er vaksen i målet! Då kneggja det tredje gongen så berget kunne rivna.

— No er han her! sa Borken. — Kast uksehudene over meg, og tjøretunna bortetter bakken, kliv så opp i den store grana der. Når han kjem, sprutar han eld og kveikjer i tunna. Stig logen opp, vinn eg, sig logen ned, taper eg.

Ser du eg vinn, kastar du beislet mitt på han. Då vert han spak. Då guten var komen seg opp i grana, kom hesten, og varmen spruta or nasen hans. Det flaug eld i tjøretunna, og hestane beit og slost så steinane spruta.

Men kvar den andre hesten beit eller slo, så råka han spikarhuda. Til sist steig logen. Då var ikkje guten sein om å koma seg ned or grana og springa fram og kasta beislet på denne villvorde hesten.

The horse became so gentle that the boy could have handled him with a spun thread. This horse was also a bay stallion and just as big as Grimsbork. No one could tell the difference between the one or the other.

The boy mounted the bay that he had just captured, and then rode him back home to the palace. Grimsbork ran alongside free, and you can imagine that these two massive trotters did not take long to put the miles behind them.

When they arrived home at the palace, the king was standing out in the courtyard. — Can you now tell me which is the horse I captured, and which one I had before? If you cannot, then I would say that your daughter belongs to me, said the boy.

The king walked around and looked at both of these bays, he looked both high and he looked low, both to the front and to the back, but there was not as much as a hair that was different between the two, and they were both just as massive in size. He could see no difference.

— No, said the king, — I cannot tell any difference, and since you have provided my daughter with such a beautiful bridal horse, you shall have her. But first we need to try something. She is to hide herself twice and then you will do the same. If you find her but she does not find you, then she is yours.

— Well, this is probably not in the agreement either, said the boy, — but we shall try. The princess changed herself into a duck and swam in the dam near the palace. The boy just went over to Grimsbork and asked him what to do. — Just take your shotgun and aim at the duck!

· · · · ·

Hesten vart så spak at guten kunne ha styrt han med berre ein tvinna tråd. Denne hesten var og borkut, og han var plent like stor som Grimsborken. Ingen kunne skilja den ein frå den andre.

Guten sette seg opp på den borkute hesten han hadde fanga, og så reid han heim att til kongsgarden. Grimsborken sprang med laus, og dei gjorde ikkje milene lange, desse stortråvarane, kan du vita.

Då dei kom heim i kongsgarden, stod kongen ute i tunet. — Kan du no seia meg kva for ein hest eg har fanga, og kva for ein eg hadde før? Kan du ikkje det, så meiner eg at dotter di høyrer meg til, sa guten.

Kongen gjekk rundt og såg på båe desse borkane, såg på dei både høgt og lågt, både framme og bak, men det var ikkje eit hår annleis på den eine enn på den andre, og dei var plent like store. Han såg ingen skilnad.

— Nei, sa kongen, — det kan eg ikkje seia deg, og sidan du har skaffa dotter mi så gild brurehest, skal du ha henne. Men eitt må vi prøva fyrst: Ho skal gøyma seg to gonger, og sidan du. Finn du henne, men ho ikkje deg, skal du ha henne.

— Det står nok ikkje i akkorten, det heller, sa guten, — men vi får prøva. Kongsdottera skapte seg om til ei and og sumde på vatnet bortanfor kongsgarden. Guten gjekk berre til Grimsborken og spurde. — Tak børsa di og sikt på anda, du!

The boy took the gun and ran down to the dam where the duck was swimming. — I am thinking of shooting this duck, I am, said he to himself, loud enough for the duck to hear him. He sneaked forward and pretended to begin shooting.

— No, no! Dear me, don't shoot, don't shoot, it is me, said the princess. She was afraid for her life and began to flap her wings to escape. So the boy had found her the first time.

The second time she changed herself to a loaf of bread and laid herself on the kitchen table between four other loaves. And so alike was she to the other loaves that no one could tell the difference. The boy searched a long time for her but he could not find her.

So, once more he went to Grimsbork. — Just take a large bread knife and sharpen it in the kitchen and pretend you are going to cut a slice off the third loaf from the left on the kitchen table, said Grimsbork.

The boy went back to the kitchen. — I shall take a slice off this loaf, I think, he said, sort of to himself. — No, no! Dear me, don't cut, said the princess once more, and now the boy had found her the second time as well!

Then it was the boy's turn to hide. Grimsbork said he should change himself into a horsefly and hide himself in his left nostril. The princess began to nose around and searched everywhere, she wanted to go into the stall as well, but Grimsbork began to gnash his teeth and kick.

· · · · ·

Guten tok børsa og sprang bort til dammen der anda låg og sumde. — Eg tenkjer å smella på denne anda, eg, sa han med seg sjølv så høgt at anda høyrde det. Han smaug seg fram og lest ville skjota.

— Nei, nei, kjære vene, skyt ikkje, skyt ikkje, det er eg, sa kongsdottera. Ho vart livredd og tok til å flaksa og ville røma. Så hadde guten funni henne fyrste gongen.

Andre gongen skapte ho set om til eit brød og la seg på kjøkenbordet mellom fire andre, og så lik var ho dei andre brøda at ingen kunne skilja dei frå kvarandre. Guten gjekk lenge og leita, men fann henne ikkje.

Så gjekk han til Grimsborken att. — Å, tak berre og bryn ein dugeleg brødkniv i kjøkenet og låst som du vil skjera av det tredje brødet frå venstre, av dei som ligg på kjøkenbordet, sa Borken.

Ja, guten opp att i kjøkenet. — Eg vil ha meg ein skalk av dette brødet, eg, sa han liksom med seg sjølv. — Nei, kjære vene, skjer ikkje, sa kongsdottera att, og så hadde guten funni henne andre gongen og!

Så skulle guten til å gøyma seg. Grimsborken sa at han skulle skapa seg om til ein klegg og gøyma seg i venstre nasebora hans. Kongsdottera snusa og leita alle stader, ville opp i spiltauet og, men Borken til å bita og slå.

— Well, since I cannot find you, you will need to show yourself, said the princess. As soon as the princess had uttered those words, the boy stood before her on the stable floor.

The second time Grimsbork told the boy to change himself into a ball of earth and hide himself between the frog and the shoe under his front left hoof. This time, Grimsbork allowed the princess to enter his stall to search.

But the princess could not see under his hooves, so she did not find the boy. — Well, since I cannot find you, you will need to show yourself again, she said. And with that the boy was standing there before her for the second time.

— Aye, now you are mine, said the boy to the princess. He took her by the hand and led her out into the yard. The king was standing on the steps of the palace. He was so happy that his eyes both gleamed and shone.

— Now you can see that it has been done, said the boy to the king. — Aye, if it is done, then let it be so, said the king. So a wedding was prepared both happily and rapidly.

— The boy mounted Grimsbork, and the princess mounted his double. As you can understand, they did not spend much time on the way to the church! And if the wedding feast is not finished, then they must be still celebrating.

· · · · ·

— Ja, sidan eg ikkje kan finna deg, så får du koma fram att av deg sjølv, sa kongsdottera. Med det same ho hadde sagt ordet, stod guten i breidd med henne framme på stallgolvet.

Andre gongen sa Grimsborken at guten skulle skapa seg om til ein moldklump og leggja seg mellom hoven og skoen under vestre framfoten. Denne gongen let Borken kongsdottera få koma opp i spiltauet og leita.

Men under hovane kunne ho ikkje sjå, og ho fann ikkje guten. — Ja, så får du koma fram att av deg sjølv då, sidan eg ikkje kan finna deg, sa ho, og med det same stod guten attmed henne.

— Ja, no er du mi! sa guten til kongsdottera. Han tok henne i handa og leidde henne fram på tunet. Kongen stod oppe på trappa til slottet. Han var så blid at det både lyste og skein.

— No kan du sjå at det er så laga, sa guten til kongen. — Ja, er det så laga, så får det så verta, sa kongen. Så vart det laga til bryllaups både vel og snart.

— Guten sette seg på Grimsborken, og kongsdottera på maken hans. Så då kan du vita dei vart ikkje lenge på kyrkjevegen! Og er ikkje bryllaupet til endes, så varer det enno.

To the forest and build a house

Once upon a time, they began to feed up a ram so he would become really big and fat before they butchered him. They gave him lots of good food and good things to drink, and he was both satisfied and overfed.

Just then, the dairymaid came and give him some more. — Eat well now, my little one, she said, — because you will not be here much longer. Tomorrow, we will butcher you, she said, as she filled his feed-box.

— An old woman's advice, one should not scorn, the ram was thinking. — There is good advice for everything apart from death, but perhaps there is a good bit of advice for this as well at this time! And so he drank with a vengeance.

When he was rightly good and full, he butted the gate open and went outside, because at the neighboring farm there was a pig he had become good friends with, out in the field, earlier in the year. So over there he went.

— Good day, and thanks for the last time we met! said the ram to the pig, being polite. — Good day, good day, and the same to you, answered the pig good naturedly. — Do you know why you have it so good? asked the ram. — Indeed no, said the pig.

— Many mouths soon empty a larder. They want to butcher you and eat you, said the ram. — They do? God bless this food when they have eaten it! answered the pig. — If you will do as I do, then we will go into the forest and build a house and live there.

Til skogs og byggja hus

Det var ein gong dei tok til å gjøda ein ver så han skulle verta retteleg feit og fin før dei slakta han. Dei gav han både mykje god mat, og godt å drikka, og han vart både mett og stinn.

Rett som det var, kom budeia og gav han meir. — Et no retteleg godt, veren min, sa ho, — for du skal ikkje stå her stort lenger. I morgon skal vi slakta deg, sa ho og fylte krubba.

— Kjerringråd skal ein ikkje vanakta, tenkte veren. — Det skal vera råd for alt så nær som for dauden, men kanskje det kan vera råd for den og denne gongen! Og så åt og drakk han til gagns.

Då han var retteleg god og mett, stanga han opp døra og gjekk ut, for borte i grannegarden var det ein gris som han var vorten godven med i marka før på året. Dit bort gjekk han no.

— God dag og takk for sist! sa veren til grisen. — God dag, god dag, og sjølv takk for sist! svara grisen så blidsleg. — Veit du kvifor du har det så godt? spurde veren. — Nei, nei, sa grisen.

— Mange munnar tømer snøgt ei tunne. Dei vil slakta deg og eta deg, sa veren. — Vil dei det? Signe maten når dei har eti! svara grisen. — Vil du som eg, fer vi til skogs, byggjer hus og bur der.

— One always sits better in one's own chair, added the ram. The pig agreed with that and wanted to come along. — Such a delightful company to be with, said he to the ram, once he was out of the pigpen. And so they hurried and set off.

When they had gone some distance, they met a goose. — Good day, good people, and thanks for the last time we met! Where are these fine people off to, who are traveling so hurriedly? said she. — We are off into the forest to build a house and live by ourselves. In one's home, man is his own master, said the ram.

— May I come along? Good company makes the days shorter, said the goose. — Though gossiping and chattering will not build a house or a hut, the pig grunted. — What can you do then? — Slow and steady wins the race, said she.

— I can pluck moss and stick it in the cracks between the logs, so that the house will be solidly built and warm. Aye, the pig did want it nice and warm, so the goose was also allowed to come along. But she was not able to walk as fast.

When they had walked some distance, a hare came a-hopping out of the woods. — Good day, good people and thank you for the last time we met! How far shall you be hiking today? said he, being polite. We are going to the forest to build us a house. East west, home is best, answered the ram.

— I have a home in every bush, I do, said the hare, — but during the winter, I often say that if I live through to summer, I will build myself a house. I wouldn't mind coming along though. — Aye, should we come into a squeeze, we could use you as a dog lure, said the pig in fun.

• • • • •

Ein sit alltid best på eigen benk, la veren til. Grisen var samd i det og ville vera med. — Det er fagnad i fint fylgje, sa han til veren, då han var komen seg ut. Og så skunda dei seg og la i veg.

Då dei hadde fari eit stykke, møtte dei ei gås. — God dag, godtfolk, og takk for sist! Kvar skal det folket av som fer så fort? sa ho. — Vi vil til skogs, byggja hus og bu for oss sjølve. I eigen heim er kvar mann herre, sa veren.

— Kan eg få vera med? Godt lag gjer stuttare dag, sa gåsa. — Med å snavla og skvaldra byggjer ein korkje hus eller hytte, grynta grisen. — Kva kunne du gjera, du då? — Med råd og med lempe kjem ein kryp så langt som ei kjempe, sa ho.

— Eg kan nappa mose og dytta i veggfara, så huset vert tett og varmt. Ja, grisen ville gjerne ha det godt og varmt, og gåsa skulle få vera med. Men ho greidde ikkje fara så fort, ho.

Då dei hadde gått eit stykke, kom ein hare hoppande ut or skogen. — God dag, godtfolk, og takk for sist! Kor langt skal de labba i dag? sa han. — Vi vil til skogs og byggja oss hus. Når borte er freista, er heime best, svara veren.

— Eg har hus i kvar buske, eg, sa haren, — men om vinteren seier eg ofte at lever eg til sumaren, skal eg byggja meg hus. Eg kunne ha hug til å vera med. — Ja, skulle vi koma i ei klemme, kunne vi ha deg til bikkjeskræme, let grisen.

— He who is to endure shall always have something to ensure, said the hare. — I have teeth to gnaw pegs with and paws to hammer them into the wall with. Good tools make good work, said the scoundrel as he flogged his dead horse with a whip.

And then they met a rooster. He said his greetings, and the ram replied. — Better with one's own home than roosting on a strange perch, said the rooster. — A chatterbox perched on a stick does not build a shack, said the pig. — I awake early, said the rooster. — Aye, the early bird gets the worm, answered the pig.

And so they went into the forest and began to work. The pig bit off the logs, the ram pushed them into place, the hare gnawed wooden plugs and hammered them into the walls and the roof, the goose plucked moss and pushed it into the cracks, and the rooster crowed and made sure no one overslept in the morning.

Finally the house was finished. The roof was covered with bark and peat. They lived a long time by themselves, and they had it good and did well in many ways. — It is good both in the east and the west, but home is always the best, said the ram.

But farther into the forest there was a wolf's lair, where there lived two wolves. When they saw that there was a new house in the neighborhood, they were curious as to what kind of people these new neighbors were. So they went to take a look.

And they were thinking thus: — a good neighbor is better than a brother in a foreign land, and it is better to live in a good village, than to be famous. So, one of them went in to pretend that he wanted to borrow a hot coal from the fireplace to re-light his pipe with.

· · · · ·

— Den som i verda skal vera, får alltid eitkvart å gjera, sa haren. — Eg har tenner til å gnaga pluggar med, og labbar til å slå dei i veggen med. God reiskap gjer godt arbeid, sa mannen, han flådde merra med navaren.

Så møtte dei ein hane. Han helsa, og veren svara. — Betre med eige bu enn å sitja på framand pinne, sa hanen. — Ein kjeft på eit skaft høgg ikkje laft, sa grisen. — Eg vekkjer tidleg, sa hanen. — Ja, morgonstund har gull i munn, svara grisen.

Så for dei til skogs og tok til med arbeidet. Grisen hogg tømmer, veren drog det fram, haren gnog pluggar og slo dei i vegger og tak, gåsa nappa mose og dytta i veggfara, og hanen gol og passa på at ingen forsov seg om morgonen.

Til sist vart huset ferdig. Taket var tekt med never og torv. No levde dei lenge for seg sjølve, og dei hadde det både godt og vel i alle måtar. — Det er godt både i aust og vest, men endå er heime best, sa veren.

Men eit stykke lenger borti skogen var det eit gråbeinhi der det budde to gråbeinar. Då dei fekk sjå at det var komi opp eit nytt hus i grannelaget, ville dei vita kva slag folk dei hadde fått til grannar. Dei gjekk og ville sjå.

Og dei tenkte som så: — God granne er betre enn bror i framandt land, og betre er det å bu i ei god grend enn å vera vide kjend. Den eine gjorde seg ærend og gjekk inn og låst ville låna varme til å kveikja pipa si med.

Just as the wolf went inside to ask for the hot coal for his pipe, the ram butted him so hard that he went head first into the fireplace and the burning coal. Cinders and embers whirled around him.

The pig came charging in and he bit and he gnawed, and the goose began to hiss and crunch. The rooster on the roof beam, he crowed and flapped his wings, and the hare was so frightened that he hopped both high and low and just trampled and trod.

Eventually the wolf was able to escape outside again. — Neighborliness makes thoughtfulness, said he who was waiting outside. — Seems you have made good friends since you took so long? But you have no smoke, and neither do you have your pipe.

— My word that was a strange way to light a pipe! Such folk I have never met before. But as one does, one will receive, and unexpected guests will receive unexpected ways! said the wolf who had been inside.

— When I went inside, the cobbler hit me with his shoe tree bag so that I plunged into the forge. The blacksmith pumped the bellows so it hissed, and then grabbed and hit and tore flesh from my body. The marksman ran and fell and was looking for his rifle, but as luck would have it he never found it. And then there was one sitting under the roof that flapped and crowed: — Use the hook on him and drag him over here! he yelled. Had *he* got hold of me, I would never have come out alive again.

• • • • •

Med det same gråbeinen kom inn og bad om pipevarme, stanga veren til han så han stupte på hovudet bort i grua og opp i glohaugen. Gneistar og glør gauv ikring han.

Grisen rende til og hogg og beit, og gåsa tok til å kvæsa og klypa. Hanen på bjelken smala og gol, og haren vart så forskræmd at han for både høgt og lågt, trampa og trakka.

Langt om lenge kom ulven seg ut att. — Grendskap gjer kjennskap, sa han som stod att ute. — Du kom vel til paradis på slette marka sidan du vart så lenge? Men ikkje har du røyk, og ikkje har du pipe!

— Det vart jamen ein underleg pipevarme! Slikt folk har eg aldri vori ute for før. Men som ein vel seg lag til, får ein ære til, og uventa gjest får uvanleg kost! sa gråbeinen som hadde vori inne.

— Då eg kom inn, dreiv skomakaren til meg med lestesekken så eg stupte fram i smieavlen. Smedane bles og kvæste med belgen, klypte og slo og reiv kjøt or skrotten min. Skyttaren for og ramla og leita etter børsa si, men lukka var at han fann henne ikkje. Og så sat det ein oppunder taket, flaksa og gol: — Hekt kroken i han, drag han hit! ropa han. Hadde *han* fått tak i meg, var eg visst aldri komen levande ut att.

The hen is out hiking in the mountain

Once upon a time, there was an old widow who lived high up on a long narrow hill, along with her three daughters. She was so poor that she owned nothing but a hen. This hen was the apple of her eye, and she tended to her both early and late.

But one day the hen was gone. The woman walked around the house and searched and called her, but the hen was nowhere to be seen. — You need to go outside to try and find our hen, said the woman to the eldest daughter. — We must have her back, even if we need to search the whole mountain.

Aye, the daughter was going out to search for the hen. She went both here and there and searched and called, but no hen was to be found. But suddenly she heard a voice by a rock wall: — The hen is out hiking in the mountain! The hen is out hiking in the mountain!

She wanted to go and see what it was. But at the rock wall she suddenly fell through a trap door, and fell deep, deep down into an undercroft far below the earth. Down there she walked through many rooms, the one more beautiful than the other.

But in the innermost room, a big, evil mountain troll came up to her. — Do you want to be my girlfriend? he asked. No, most definitely not, said she. She wanted to go up again to look for her hen. The mountain troll then became so angry that he hit her and threw her down into the cellar.

Her mother sat at home and waited and waited. When the girl did not come back, she said to her middle daughter that she would have to go out and look for her sister. — And the hen you can call for at the same time, said she. Aye, the daughter went off, but it went exactly the same with her as it had with her sister.

Høna trippar i berget

Det var ein gong ei gammal enkje som budde langt oppunder ein ås saman med dei tre døtrene sine. Ho var så fattig at ho åtte ikkje anna enn ei høne. Denne høna var augnesteinen hennar, og henne stelte ho med både tidleg og seint.

Men ein dag vart høna borte. Kona gjekk rundt stova og leita og lokka, men høna var ingen stad å sjå. — Du får ut og prøva om du finn høna vår, du, sa kona til den eldste dottera. — Henne må vi ha att, om vi så skal ta henne ut or berget.

Ja, dottera skulle då ut og sjå etter høna. Ho gjekk både hit og dit og leita og lokka, og inga høne fann ho. Men aller best det var, så høyrde ho det sa borte i ein bergvegg: — Høna trippar i berget! Høna trippar i berget!

Ho ville då bort og sjå kva det var. Men ved bergveggen datt ho med eitt gjennom ein lem, og fór djupt, djupt ned til ein kvelving langt under jorda. Der nede gjekk ho fram gjennom mange rom, det eine gildare enn det andre.

Men i det inste rommet kom ein stor, stygg bergmann til henne. — Vil du vera kjærasten min? spurde han. Nei, det ville ho slett ikkje, sa ho. Ho ville opp att og sjå etter høna si. Då vart bergmannen så sint at han dreiv til henne og slengde henne ned i kjellaren.

Mora sat heime og venta og venta. Då jenta ikkje kom att, sa ho til den mellomste dottera at ho fekk gå ut og sjå etter syster si. — Og høna kan du lokka på med det same, sa ho. Ja, dottera tok i veg, men det gjekk nett like eins med henne.

She went and she searched and she called, and all of a sudden she also heard something by the rock wall saying: — The hen is out hiking in the mountain! The hen is out hiking in the mountain! This she thought was a bit strange and wanted to go and see what it was. And she also fell through the trap door, deep, deep down into the undercroft.

There she went through all the rooms, and when she reached the innermost room the mountain troll came to her and asked if she would be his girlfriend. No, most definitely not, said she. So the mountain troll became so angry that he hit her and threw her down into the cellar.

When their mother had sat and waited for the other daughter for what seemed to be forever, she said to her youngest: — Now you will need to go and look for your sisters. Bad enough is it that the hen is gone, but even worse would it be if we don't find your sisters again.

Well, the youngest one set off. She went here and there and called and searched, but the hen she did not see, nor did she see her sisters. Eventually, she also walked towards the rock wall, and she heard something say: — The hen is out hiking in the mountain! The hen is out hiking in the mountain!

This she thought was a bit strange. But when she went to see, she also fell through the trap door, deep under the earth. Down there she went through each room more beautiful than the other. She was not so frightened, and therefore she took her time looking about.

Then she saw the trap door to the cellar. She peeped down into the cellar and immediately had a feeling that her sisters were laying down there. But she had only just barely opened the trap door when the mountain troll came up to her. — Do you want to be my girlfriend, do you? he asked.

• • • • •

Ho gjekk og leita og lokka, og med eitt høyrde ho også at det sa borti bergveggen: — Høna trippar i berget! Høna trippar i berget! Dette tykte ho var underleg og ville bort og sjå kva det var. Så datt ho gjennom lemmen og djupt, djupt ned i kvelvingen.

Der gjekk ho gjennom alle romma, men i det inste kom bergmannen til henne og spurde om ho ville vera kjærasten hans. Nei, det ville ho slett ikkje, sa ho. Så vart bergmannen sint og tok og dreiv til henne og slengde henne ned i kjellaren.

Då kona hadde sete og venta på den andre dottera i sju lange og sju breie, sa ho til den yngste: — No får du i veg og sjå etter systrene dine. Ille var det at høna vart borte, men endå verre blir det om vi ikkje finn dei att.

Ja, den yngste jenta la i veg. Ho gjekk hit og dit og leita og lokka, men ikkje såg ho høna, og ikkje såg ho systrene sine. Langt om lenge kom ho også bort imot bergveggen, og så høyrde ho det sa: — Høna trippar i berget! Høna trippar i berget!

Dette tykte ho var rart. Men då ho skulle bort og sjå, så datt ho også ned gjennom lemmen, djupt, djupt ned under jorda. Der nede gjekk ho gjennom det eine rommet gildare enn det andre. Ho var ikkje så redd, ho, men gav seg tid til å sjå seg om.

Så fekk ho augo på kjellarlemmen også. Ho gløtte nedi der, og straks kjende ho at systrene sine som låg der nede. Men ho hadde berre så vidt fått late att lemmen, så kom bergmannen til henne. — Vil du vera kjærasten min, du? spurde han.

Oh yes, that I would like, said the girl, because she knew what had probably happened to her sisters. When the troll heard this, she was given fine clothing, the finest she could have ever wished for, and everything else she wanted, so happy was he that she wanted to be his girlfriend.

But after she had been there for some time, she was sadder and quieter than how she normally was. So the troll asked why she was so sad. — Oh, said the girl, — it is because I cannot go home to mother, and she has no one with her anymore.

— Well, to go back home to her I cannot let you do. But shove some food into a bag, and I will take it to her, said the troll. And this the girl did. But in the bottom of the bag she had put a mass of gold and silver, and then she put a little food on the top.

— The bag is ready now, said she to the mountain troll. But he was absolutely not allowed to look into the bag, and this he promised he would not do. When he left, she watched him through a hole in the wall. And he had not walked far before he stopped.

— This bag is so heavy, I better look to see what is in it, said the troll and was about to loosen the rope around the bag. But then the girl called: — I can see you! — They certainly must be some good eyes you have in your head then, said the troll, and dared not try again.

When the mountain troll arrived to where the widow lived, he threw the bag through the front door. — Here you have some food from your daughter. She has it well so she does not want for anything, said the troll. The old woman was full of wonder when she saw everything that was in the bag.

• • • • •

— Ja, det vil eg gjerne, sa jenta, for ho kunne nok skjøna korleis det hadde gått med systrene hennar. Då trollet høyrde det, fekk ho gilde klede, dei finaste ho kunne ynskja seg, og alt ho elles ville ha, så glad vart han for at ho ville vera kjærasten hans.

Men då ho hadde vore der ei tid, var det ein dag ho var endå meir stur og still enn ho pla vera. Så spurde bergmannen kva ho var så sturen for. — Å, sa jenta, — det er fordi eg ikkje kan koma heim til mor, og ho har ingen hjå seg no lenger.

— Ja, gå til henne kan du ikkje få lov til. Men stapp noko mat i ein sekk, så skal eg bera han til henne, sa trollet. Ja, jenta gjorde det. Men på botnen av sekken hadde ho ei mengd gull og sølv, så la ho litt mat ovanpå.

— No er sekken ferdig, sa ho til bergmannen. Men han måtte slett ikkje sjå ned i sekken, og det lova han at han ikkje skulle gjera. Då han gjekk, kika ho etter han i eit lite hol i veggen. Og han var ikkje komen langt på vegen før han stogga.

— Denne sekken er så tung, eg vil nok sjå kva som er i han, sa trollet og ville til å løysa opp sekkebandet. Men så ropte jenta: — Eg ser deg nok! — Det var då fælt til augo i hovudet på deg, då, sa trollet, og så torde det ikkje prøva på det meir.

Då bergmannen var komen dit enkja budde, kasta han sekken inn gjennom stovedøra. — Der har du mat frå dotter di. Ho har det godt, så det leitar ikkje på henne, sa han. Den gamle kona vart reint opp i under då ho fekk sjå alt som var i sekken.

When the girl had been in the mountain a good while longer, it happened one day that a billy goat fell through the trapdoor. — So who has invited you then, you shaggy haired beast? said the troll. Then he took the billy goat and whacked him and threw him down into the cellar.

— Oh no, why did you do that then? asked the girl. — That billy goat I could have had down here to play with. — You need not fret about that, meant the troll. I surely must be a good enough fellow to be able to revive this scrawny billy goat again.

With that the troll took a jar that was hanging on the wall, went down into the cellar to the billy goat and smeared him with ointment from the jar, and so he became well again. — Aha, thought the girl. — This jar must be something special, it must. There must now be a way for my sisters as well.

She waited for a day when the troll was away. Then she then took the jar and smeared her eldest sister as she had seen the troll do with the billy goat. Immediately her sister came to life again. The girl asked her to slide down into the bag, and with that she put some food on top.

When the troll came back home, she said to him: — My dearest one, now you must go home to my mother with a bit of food again. Apparently she is both thirsty and hungry, the poor thing, and alone she is as well. But don't look into the bag! — Of course not, I will not take as much as a glimpse into the bag, the troll promised.

But when the troll had walked a while, he thought the bag was so heavy and wanted to look inside. — No matter how good her eyes are, she won't be able to see me now, said the troll. But just as he was about to loosen the rope around the bag, said she who was in the bag: I can see you!

· · · · ·

Då jenta hadde vore i berget endå ei god stund, hende det ein dag at det datt ein geitebukk ned gjennom lemmen. — Kven er det som har sendt bod etter deg, ditt langragga beist? sa trollet. Så tok det bukken og dreiv til han og slengde han ned i kjellaren.

— Å nei, kvifor gjorde du det då? sa jenta. — Den bukken kunne eg ha hatt og moroa meg med her nede. — Du treng ikkje surmula for det, veit eg, meinte trollet. — Eg er vel såpass til kar at eg snart kan få liv i denne skarve geitebukken att.

Dermed tok trollet ei krukke som hang på veggen, gjekk ned i kjellaren til geitebukken og smurde han med salve frå krukka, så var han like god att. — Hå hå! tenkte jenta. — Den krukka er nok noko verdt, ho. No skal det vel bli ei råd for systrene mine også.

Ho passa på ein dag trollet var borte. Då tok ho krukka og smurde den eldste systera si, slik ho hadde sett trollet gjera med geitebukken. Og straks vakna systera til liv att. Jenta bad henne krypa ned i ein sekk, og så la ho litt mat ovanpå.

Då trollet kom heim att, sa ho til det: — Kjære vene, no får du gå heim til mor med litt mat att. Ho er visst både tyrst og svolten, stakkar, og åleine er ho også. Men sjå ikkje i sekken! — Nei då, eg skal ikkje så mykje som gløtta ned i sekken, lova trollet.

Men då trollet var kome eit stykke på vegen, tykte det sekken vart så tung og ville kika ned i han. — Same kva slag augo ho har, så kan ho vel ikkje sjå meg no, sa trollet. Men straks det ville til å løysa opp bandet, sa ho som sat i sekken: — Eg ser deg nok!

— They certainly are some eyes that you have there! said the troll — he thought it was she who was in the mountain who had spoken. The troll did not dare to try and look into the bag again, but carried the bag straight to the mother and threw it in through the front door. — There you have food mother, from your daughter! said he.

When the girl had been there yet a while longer, she did the same with the other sister. She smeared her with the ointment from the jar and had her slip into the bag. But this time she filled the bag up as much as she could with gold and silver, and at the very top she put a little food.

— Dearest one, now you need to go back to mother with food again. But don't look into the bag! said she to the troll. This the troll promised he would not. But after walking a while, the bag was terribly heavy and he had to sit a while to rest.

Then the troll decided to loosen the rope around the bag to look inside; she who was in the bag cried: — I can see you! I can see you! — My word they are good eyes you have in your head! said the troll, and so he did not dare to look into the bag any more, but plodded on again.

The troll carried the bag straight to where the girl's mother lived. There he stopped outside the front door and threw the bag in, onto the floor. — There you have food from your daughter, said the troll. She has it good and lives well, so she does not want for anything.

When the girl had been there yet another long time, the troll had to go out one day. The girl pretended that she was both sick and weak, and she moaned and she groaned. — Today you need not come back until mid-night, because before this time I will not have your food ready, so sick am I, said she.

· · · · ·

— Det var då fælt til augo på deg også! sa trollet — det trudde at det var ho i berget som snakka. Trollet torde ikkje prøva å sjå nedi meir, men bar sekken til mora og kasta han inn gjennom stovedøra. — Der har du mat frå dotter di, mor! sa det.

Då jenta hadde vore i berget endå ei stund, gjorde ho det same med den andre systera. Ho smurde henne med salve frå krukka og hadde henne i sekken. Men denne gongen fylte ho opp med så mykje gull og sølv det var rom til, og aller øvst la ho litt mat.

— Kjære vene, no får du gå heim til mor med litt mat att. Men sjå ikkje i sekken! sa ho til trollet. Trollet lova at det skulle det ikkje. Men då det hadde kome eit stykke på vegen, vart sekken fælt tung, så det måtte setja seg ned og kvila litt.

Så ville trollet løysa på sekkebandet og sjå nedi, men då ropte ho som var i sekken: — Eg ser deg nok! Eg ser deg nok! — Det var då fælt til augo du har i hovudet også! sa trollet, og så torde det ikkje sjå i sekken meir, men traska av stad att.

Trollet bar sekken rake vegen til det kom dit mor til jenta budde. Der stogga det utanfor stovedøra og slengde sekken inn på golvet. — Der har du mat frå dotter di, sa trollet. — Ho har det godt og lever vel, så det leitar ikkje på henne.

Då jenta hadde vore i berget endå ei lang tid, skulle trollet ut ein dag. Då gjorde jenta som ho skulle vera både sjuk og skral, og sutra og bar seg. — I dag treng du ikkje koma heim før klokka tolv, for før har eg ikkje maten ferdig, så sjuk eg er, sa ho.

When the troll was well and truly gone and she was alone, she stuffed some straw into her clothes until it looked like a girl. This girl made of straw she put in the corner by the hearth with a stirring stick in the one hand, so that it looked as if it was she herself who was standing there.

Then she hurried homewards. On the way she visited a hunter that she knew and had him come with her. They sat themselves down in her mother's house and the hunter loaded his gun well and truely, because it would not be very long before the troll was expected.

When the time was mid-night, or well after midnight, the troll came home to the mountain. — Come with the food, said he to the girl made of straw. No, she did not answer. — Come with the food, I am hungry! Don't you hear what I am saying? screamed the troll. But the girl still did not answer.

— Come with the food! screamed the troll for the third time. — Listen to what I am saying or I will be rid of you! No, the girl just stood still. Then the big troll became so wild and angry that he gave her a kick that sent the straw towards the walls and the roof and everywhere else.

When the troll saw this, he began to understand what had happened. He searched for the girl both high and low and finally down in the cellar as well. There, both of the girl's sisters were gone. — Aye, this she will indeed pay for! said the troll and headed off to where the mother lived.

But when he arrived at the house, the hunter shot so that the troll became frightened and did not dare go inside. He thought that it was lightning that struck, and therefore set off home as fast as he could. But just as the troll reached the mountain, the sun came out, and therefore the troll exploded into tiny pieces, — as trolls do when the sun strikes them.

• • • • •

Då no trollet vel hadde gått og ho var åleine, tok ho og stappa halm i kleda sine til det såg ut som ei jente. Denne halmjenta sette ho i kråa borte ved peisen med ei tvore i eine handa, så det såg ut som det var ho sjølv som stod der.

Så skunda ho seg heimover. På vegen gjekk ho innom til ein skyttar ho kjende og fekk han til å vera med. Dei sette seg heime i stova hjå mora, og skyttaren ladde børsa si både godt og vel, for det var vel ikkje så svært lenge før trollet kunne vera ventande.

Då klokka var tolv eller vel det, kom trollet heim til berget. — Kom med maten! sa det til halmjenta. Nei, ho svara ikkje. — Kom med maten, eg er svolten! Høyrer du ikkje kva eg seier? skreik trollet. Men jenta svara ikkje no heller.

— Kom med maten! skreik trollet tredje gongen. — Høyr det eg seier, elles skal eg vekkja deg! Nei, jenta stod like still. Då vart trollgubben så vill og arg og han spente til henne så halmstubbane fór både i vegger og tak og vidt utover.

Då trollet såg dette, tok det til å skjøna korleis det hang i hop. Det leita etter jenta både høgt og lågt, og til sist kom det ned i kjellaren også. Der var begge systrene til jenta borte. — Ja, dette skal ho få att for! sa trollet og la i veg dit mora budde.

Men då det kom til stova, skaut skyttaren så trollet vart redd og ikkje våga seg inn. Det trudde det var tora som slo, og dermed sette det heim att det fortaste det orka. Men med det same trollet kom bort til berget, rann sola, og så sprakk det.

The haymakers at the summer pasture

Once upon a time there was a priest who was so stingy that his field girls and field men had to work hard, both early and late. One day he asked one of the field hands to take a cotter with him and go up to the summer pasture in the mountain and cut the field grass there. The two men put their scythes over their shoulders and left.

As soon as they arrived, the field hand went and laid down on a bed to rest. — We better get started if we want anything done today, said the cotter. — Otherwise, the priest will chase me off the property. — Take it easy, I will make things right with the priest, said the field hand. So that day they rested.

The second day they sharpened and the third day they honed. The fourth day was Saturday, so they went home. As they were strolling through the woods, they found a wasp's nest. The field hand took his big clasp purse out and held it over the nest until it was full of wasps, which he then took along with him.

— Now, have you been hard working and cut all the grass at the summer pasture? asked the priest when they arrived home. — Oh yes, answered the field hand. — And we also found a clasp purse up on the hillside, full of silver coins. — That purse is mine, said the priest. — I lost it there a week ago.

— When father says so, then it must be so. But if it is not true, the silver coins will turn into wasps and the grass on the summer pasture will grow again! said the field hand. As soon as the priest had the purse, he opened it to see the silver coins. With that the whole swarm of wasps flew at his face and stung him.

The day after he remembered what the field hand had said about the grass at the summer pasture, and sent one of the field girls there. When she arrived up there, it was blowing so hard that the grass was lying flat on the ground and then rose again swaying with the wind. She came home and told the priest that just as she arrived up there she saw the last of the grass just growing up from their roots.

Slåttekarane på stølen

Det var ein gong ein prest som var så gjerrig at jentene og drengene hans laut onna både seint og tidleg. Ein dag bad han ein av drengene ta ein husmann med seg og dra til støls og slå vollen der. Dei to karane tok kvar sitt langorv på aksla og la i veg.

Straks dei var framme, kraup drengen opp i ei seng og la seg til å kvila. — Vi må vel driva på, skal vi få gjort noko i dag, meinte husmannen. — Elles jagar presten meg frå plassen. — Ta det berre med ro, eg skal greia opp med presten, sa drengen. Så kvilte dei den dagen.

Andre dagen slipte dei, og den tredje dagen brynte dei. Fjerde dagen var laurdag, og då drog dei heim. Best som dei rusla gjennom skogen, fann dei eit kvefsebol. Drengen tok då fram den store låspungen sin og heldt han over bolet til han var full av kvefs, og dei tok han med seg.

— No, har de vore flittige og slege alt graset på stølen? spurde presten då dei kom heim. — Ja då, svara drengen. — Og så fann vi ein låspung oppe i lia, full med sølvskillingar. — Den pungen er min, sa presten. — Eg miste han der for ei vekes tid sidan.

— Når han far seier det, er det vel så. Men er det ikkje sant, så gjev skillingane blir til kvefs, og graset reiser seg att på stølen! sa drengen. Straks presten hadde fått pungen, ville han opna han og sjå på skillingane. Dermed flaug heile kvefsesvermen i synet på han og stakk.

Dagen etter kom han i hug kva drengen hadde sagt om graset på stølen, og sende ei av jentene i veg dit. Då ho kom opp der, bles det så graset svinga og svaga i vinden. Ho kom heim og fortalde presten at med same ho var framme, reiste dei siste stråa seg på rota.

The polar bear

Once upon a time, there was a man and a woman who had two daughters. Then one day when the man had been up on the hillside cutting hay, he had left his jacket behind. — Go after my jacket, will you, he said to his eldest daughter. — I left it behind in the hayfield this evening.

So, the girl went off. But when she arrived to where the jacket lay, there was a polar bear sitting on it. — Get off father's jacket, you big animal! she said. — Will you marry me then? asked the polar bear? — No, do you think I would want you, a common bear! she said. So he made her go back home without the jacket.

When she came home empty handed, she made the excuse that she had not found the jacket. — Oh well, you go after my jacket then, like the kind child you are, said the man to his youngest daughter. And off she went. But when she arrived there was a polar bear sitting on the jacket, and it certainly did not look as if he wanted to leave.

— Get off father's jacket, you huge animal! said she. — Aye, will you marry me then? asked the polar bear. — Aye, that I will gladly do, said the girl, and so she was immediately given the jacket. — Then you had better move home to me, said the bear. — This Thursday night I will come to get you.

When the girl came home with her father's jacket, he boasted greatly of how good she was. But her sister snarled and said that she had probably promised herself to the polar bear. And right enough, when Thursday evening came, there was knocking on the door. Their father went and opened the door.

Out there stood the polar bear. — Good evening, said he. — Your youngest daughter has promised to marry me, and now she should follow me into the forest! But the man loved his youngest daughter so much that he would not let her leave. So he sent his eldest daughter out instead.

Kvitebjørnen

Det var ein gong ein mann og ei kjerring som hadde to døtrer. Så var det ein dag mannen hadde vore borte i lia og slege, at han hadde lagt att trøya si på slåtteteigen. — Gå etter trøya mi, du, sa han til den eldste dottera. — Eg gløymde henne att på slåtteteigen i kveld.

Ja, jenta gjekk av garde. Men då ho kom fram der trøya låg, sat det ein kvitebjørn på henne. — Gå av trøya hans far, basse! sa ho. — Vil du gifta deg med meg då? spurde kvitebjørnen. — Nei, trur du eg vil ha deg, ein skogbjørn! sa ho. Så laut ho gå heim att utan trøye.

Då ho kom heim tomhendt, skulda ho på at ho ikkje hadde funne trøya. — Ja, ja, gå etter trøya mi du, som er det snillaste barnet, sa mannen til yngste dotter si. Så tok ho i veg. Men då ho kom fram, sat kvitebjørnen der på trøya, og det såg ikkje ut som han ville derifrå.

— Gå av trøya hans far, basse! sa ho. — Ja, vil du gifta deg med meg då? spurde kvitebjørnen. — Ja, det skal eg gjerne gjera, sa jenta, og så fekk ho trøya med det same. — Då lyt du flytta heim til meg, sa bjørnen. — Første torsdagskvelden kjem eg og hentar deg.

Då jenta kom heim med trøya til far sin, kytte han svært av kor flink ho var. Men syster hennar murra og sa at ho hadde nok lova seg bort til kvitebjørnen. Og rett nok, då neste torsdagskvelden kom, banka det på døra hjå mannen. Han gjekk sjølv ut og let opp.

Der ute stod kvitebjørnen. — God kveld, sa han. — Den yngste dottera di har lova å gifta seg med meg, og no lyt ho følgja med til skogs! Men mannen heldt den yngste dottera så gjæv at han ville ikkje lata henne fara. Så sende han ut den eldste jenta i staden.

— Sit yourself up on my back! said the bear. And the girl sat herself up there, and she was so intensely afraid that she barely knew herself. — Have you ever sat softer? asked the bear. — No, never, answered the girl. — What is whitest, the milk or the day? he wanted to know. — The milk, said the girl.

When she had ridden distant and far, they arrived at a castle, and there she was to stay. She was given the keys and could unlock three rooms to walk through. In the third room she was to stay, and there it was so nice and beautiful and full of silver and gold, and a table set with all types of food and drink.

She ate and she drank, and at nighttime she laid herself in the finest down-mattress bed there was. And the polar bear lay by the stove. In the dark he turned into a man and went and lay down by her. The girl lay still and did not dare say a word. But as soon as the dawning of the day came, the man turned back into a polar bear again.

— Sit yourself up on my back now, said the polar bear, — then you shall be taken back home today. You are not the correct one, said he. So she rode on the back of the polar bear, far away through the forest, until she reached home again. And at home she told of all that had happened and of all the finery she had seen.

The next Thursday evening the polar bear knocked on the door again. — Your youngest daughter has promised to marry me, and now she should follow! said he. No matter how unwilling her father was, he let her go. — Sit yourself up on my back, dearest one, said the polar bear.

The girl sat herself up there on his back and was not the least bit afraid. — Have you ever sat softer? asked the polar bear. — Yes, on my mother's lap I sat softer, answered the girl. — What is whitest, the milk or the day? said he. — The day, said the girl. And so she rode through the forest all the way until they arrived at the castle.

· · · · ·

— Set deg opp på ryggen min! sa bjørnen. Og jenta sette seg der, så livende redd at ho visste mest ikkje til seg. — Har du sete mjukare? spurde bjørnen. — Nei, aldri, svara jenta. — Kva er kvitast, mjølka eller dagen? ville han vita. — Det er mjølka, sa jenta.

Då ho hadde ride langt og lenge, kom dei til eit slott, og der skulle ho vera. Ho fekk nyklane og kunne låsa seg gjennom tre rom. I det tredje rommet skulle ho vera, og der var det så fint og vent og fullt av sølv og gull, og med eit duka bord med alle slag mat og drikke.

Ho åt og drakk, og om natta la ho seg i den finaste dynesenga der var. Men kvitebjørnen låg under omnen. I mørkret vart han til ein mann og kom og la seg nær henne. Jenta låg still og våga ikkje seia eit ord. Men straks det grånad av dag, vart mannen til ein kvitebjørn att.

— Set deg no på ryggen min, sa kvitebjørnen, — så skal du få sleppa heim att no i dag. Du er ikkje den rette, sa han. Så reid ho på bjørneryggen langt bort gjennom skogen til ho nådde heim att. Men heime fortalde ho om alt som hadde hendt og all stasen ho hadde sett.

Neste torsdagskvelden banka kvitebjørnen på døra hjå mannen att. — Den yngste dottera di har lova å gifta seg med meg, og no lyt ho følgja! sa han. Endå så naudleg mannen ville, laut han lata henne fara. — Set deg opp på ryggen min, du, sa kvitebjørnen.

Jenta sette seg opp og var ikkje det slag redd. — Har du sete mjukare? spurde kvitebjørnen. — Ja, i morsfanget sat eg mjukare, svara jenta. — Kva er kvitast, mjølka eller dagen? sa han. — Dagen, sa jenta. Så reid ho gjennom skogen heilt til dei kom til slottet.

— You can go freely into all the rooms, just not in there! said he and showed her a door far off. Aye, this she promised. So she was given keys that could unlock three rooms to walk through, in the third she was to live. It was so grand with the set table, made up bed and gold and everything.

She ate and she drank, and at night she went to bed. However, the polar bear went and lay by the stove. Later, during the night, he turned into a man. She lay quietly and never moved, and she barely had the courage to even glimpse to the one side. But in the morning he was a polar bear again, as he had been before.

— Aye, if you will now stay with me you will never regret it, said the polar bear. — You are the right one! said he. During the day when the bear was out in the forest, she went from room to room and unlocked everywhere, and the one room was finer than the other, decorated with silk and velvet.

Only the one room she did not dare to open, as the bear had forbidden it. But on the third day she just could not stop herself any longer. She unlocked the door and walked inside, and there sat an old troll woman. It was she who had cast a spell over the man and made him into a polar bear.

When the polar bear came home from the forest, he said to the girl: — You did not do as I said! Now I must take you back home today. But do not listen to what your mother says — instead listen to your father! said he. This she promised well and truly, and so the polar bear took her home and set her off.

At home she told of how grand it was at the bear's castle. — Aye, now you must do everything the polar bear tells you to, said her father. But her mother took her aside and said: — here is a piece of candle. When he is asleep and looks like a human, you can shine the light on him, because that he would not even notice.

· · · · ·

— Du kan gå fritt i alle rom, berre ikkje i det! sa han og synte henne ei dør langt avsides. Ja, det lova ho. Så fekk ho nyklar og låste seg gjenom tre rom, og i det tredje skulle ho bu. Der var så staseleg, med duka bord og oppgjord seng og sølv og gull og allting.

Ho åt og drakk, og om natta la ho seg i senga. Men kvitebjørnen kom og la seg under omnen. Då det leid på natta, vart han til ein mann. Ho låg still og aldri leda seg, og torde snautt gløtta til den kanten. Men om morgonen var han kvitebjørn att som før.

— Ja, vil du no vera her med meg, skal du aldri trega på det, sa kvitebjørnen. — Du er den rette! sa han. Om dagen når bjørnen var ute i skogen, gjekk ho frå rom til rom og låste opp alle stader, og det eine var finare enn det andre, pynta med silke og fløyel.

Berre eitt rom torde ho ikkje låsa opp, sidan bjørnen hadde forbode henne det. Men den tredje dagen orka ho ikkje å halda seg lenger. Ho låste opp og gjekk inn, og då sat det ei trollkjerring der. Det var ho som hadde forgjort mannen og skapt han om til kvitebjørn.

Då kvitebjørnen kom heim att or skogen, sa han til jenta: — Du gjorde ikkje som eg sa! No må eg følgja deg heim att i dag. Men lyd ikkje på det mor di seier — høyr heller på far din! sa han. Ho lova godt, og så rugga kvitebjørnen heim med henne og sette henne av.

Heime fortalde ho om kor gildt det var på bjørneslottet. — Ja, lyd no kvitebjørnen i alt han seier, sa far hennar. Men mora tok henne til sides og sa: — Her er ein ljosestubb. Når han søv og ser ut som eit menneske, kan du lysa på han, for det merkar han ikkje eingong.

In the evening, the polar bear came to take her back to the castle. And when they had lain down and had fallen asleep, she took the candle and lit it, and let the light shine on him. Now he was the handsomest prince she had ever set her eyes on. Oops, a drop of tallow dripped onto his shirt!

In an instant he was awake. — Why did you not do as I told you, listen to your father and not your mother? said he. — This can become unlucky for us. Now I must set the old troll woman alongside you, and she who can complete the task I give, she I will take as my bride! said he.

And so he put the task to them. — The one who can wash out this tallow spot from my shirt, so that it is just as white as it was before, she I will marry! said he. Well, the old troll woman wanted to wash first. But no matter how much she scrubbed and how much she washed, the mark only became larger and blacker.

When the girl was to wash, the spot came off with just a rub, and the shirt had never before been so white. With that the spell was broken and the bear shape was gone from the prince. Now he stood there so young and handsome that the girl thought she had never before seen anyone as dashing as he.

Now they made ready for a wedding feast, both hot and cold, and when the whole wedding party was seated at the table, the prince said: — What punishment should one have, who casts a bear spell over a man to gain power over him? Then the old troll woman herself answered: — Such a person should be chased away by twelve wild nags!

Then the king asked them to throw the old troll woman out into the yard and let his twelve wild horses out. So they did and as you can imagine, the old troll woman was not slow in putting some speed on to get away! Since then, no one has ever seen her again. But the prince and his bride lived happily ever after.

· · · · ·

Om kvelden kom kvitebjørnen og henta henne til slottet att. Men då dei hadde lagt seg og han hadde sovna, tok ho fram ljoset, tende det og lyste på han. Då var han den venaste kongssonen ho hadde sett for augo. Au, så draup det ein talgdrope ned på skjorta hans!

Med det same vakna han. — Kvifor gjorde du ikkje som eg sa deg, lydde far din og ikkje mor di? sa han. — Dette kan bli til ulukke for oss. No må eg setja trollkjerringa jamsides deg, og den som løyser den domen eg pålegg, henne lyt eg ta til brur! sa han.

Så sette han domen for dei. — Den som kan vaska denne talgdropen av skjorta mi, så ho blir like kvit som før, henne skal eg gifta meg med! sa han. No ville trollkjerringa vaska først. Men same korleis ho gnika og vaska, så vart flekken berre større og svartare.

Då jenta skulle til å vaska, gjekk flekken av som han var stroken, og skjorta hadde aldri vore så kvit. Dermed var trolldomen løyst, og bjørnehamen fall av kongssonen. No stod han der så ung og fager at jenta tykte ho aldri hadde sett nokon så gild som han.

No laga dei til bryllaup både stivt og sterkt, og då heile bryllaupslyden sat ved bordet, så sa kongssonen: — Kva dom skal den ha som kastar bjørneham på ein mann for å få makt over han? Då svara trollkjerringa sjølv: — Slike skulle jagast bort av tolv galne gampar!

Då baud kongen at dei skulle kasta trollkjerringa ut i garden og sleppa ut dei tolv galne gampane hans. Dei så gjorde, og då kan det vel henda at trollkjerringa fekk fart på seg derifrå! Sidan har ingen sett henne. Men kongssonen og brura hans levde vel alle sine dagar.

The Pastor and the Cotter

A destitute cotter sat in church one Sunday and listened to the pastor preach. — Those who are kind to their neighbor and give him a coin in God's name will get it back tenfold, said the pastor. — That is good to know, thought the cotter. Had I known this before, I would have been rich now.

When he came home, he talked with his wife about how they could benefit from what they had learned. They agreed that if they were going to give something away, it would be the only cow they owned. And the pastor, who was God's servant, was probably the right man to give her to.

The next morning the cotter set off with the cow. The pastor wasn't willing to take such a large gift. But the cotter would not give up, and finally he let the cow in through the gate to where the pastor's ten cows were at pasture. The cotter received both thanks and blessings as he left for home.

That night, the cotter's cow found an open gate, which she slipped out through. She took the road homewards, and all the pastor's cows followed after. In the morning the entire herd stood outside the cotter's cabin and bellowed. The cotter awoke, ran out, gave the cows salt, and put them into the barn.

— What a man of God that pastor is! he said to his wife. — And how quickly he got Our Lord to think of us! Now all eleven cows are standing in their stalls! — Where is the psalm book? asked his wife and threw on her skirt. — Today we must sing, give thanks and be happy.

But when it was going on evening, the pastor came and wanted his cows back. The cotter wondered about this and said that what Our Lord had given him he should also be to keep — after what the pastor had said last Sunday. But the pastor said that his sermon was not to be understood in such a manner.

Presten og husmannen

Ein fattig husmann sat ein sundag i kyrkja og høyrde presten preika. — Den som er god mot nesten sin og gjev han ein skilling i Guds namn, han skal få det tidobbelt att, sa presten. — Det var gildt å få vita, tenkte husmannen. Hadde eg visst det før, var eg no ein rik mann.

Då han kom heim, la han opp råd med kjerringa si om korleis dei no kunne dra nytte av det han hadde lært. Dei vart då samde om at skulle dei gje bort noko, måtte det vera den einaste kua dei åtte. Og presten, som var Guds tenar, var vel den rette mannen å gje henne til.

Neste morgon la husmannen i veg med kua. Presten ville naudleg ta imot ei så stor gåve. Men husmannen gav seg ikkje, og enden vart at han sleppte kua innom grinda der dei ti kyrne til presten gjekk og beitte. Husmannen fekk både takk og velsigning då han gjekk heim.

Ut på natta fann kua til husmannen eit ope grindled som ho smatt ut gjennom. Ho tok vegen heimover, og alle prestekyrne følgde etter. Om morgonen stod heile bølingen utanfor husmannsstova og rauta. Husmannen vakna, sprang ut og gav kyrne salt og hadde dei inn i fjøset.

— Nei, slik ein Guds mann som presten er! sa han til kjerringa. — Og så snart han fekk Vårherre til å koma oss i hug! No står det alt elleve kyr på båsen! — Kvar er salmeboka? spurde kjerringa og kasta på seg stakken. — I dag må vi syngja og takka og vera glade.

Men då det leid til kvelds, kom presten og ville ha att kyrne sine. Husmannen undra seg over dette og meinte at det Vårherre hadde gjeve han, måtte han vel også få ha — etter det presten hadde sagt sist sundag. Men presten sa at preika hans var ikkje slik å forstå.

No matter what the pastor said, he did not get anywhere with the cotter. He stood his ground. — You said that one would get back tenfold, and you couldn't have changed your beliefs since Sunday? he said. In the end they agreed that the one who greeted the other first the next morning would keep the cows.

Early the next morning the cotter came running and wanted to go in and greet the pastor. But the door was closed. So he found an open window above the kitchen door. He crept in and found some loose boards that lay drying on the crossbeams, and sat there to wait for the pastor.

The evening before they had brewed at the pastor's farm, and now the servant girl came to the kitchen to check on the brew. When she had taken the lid off the brewing vat, the pastor came in on his way to the cotter's house. But just as he saw the girl, he forgot both the cotter and the rush he was in.

— Good morning, my girl! Not even Pontius Pilate went to the judgment hall this early, said the pastor. That was strange talk, thought the cotter. And when he heard that the pastor stopped by the girl, he was inquisitive and stretched forward to see. Just then, the board he sat on tipped over.

And so the cotter plunged headfirst down into the brewing vat. — Hurry up father, the devil will take us — now he has hopped down into the brewing vat! screamed the girl. She and the pastor each went their own way. And the cotter pulled himself up over the vat as fast as he could and went home after dry clothes.

Then he went back to the pastor's farm and wanted to greet the pastor. — I was the first up, so the cows are mine, said the pastor. — No, I was here long before Pontius Pilate went to the judgment hall and the devil fell into the brewing vat, said the cotter. — Hush! Then the cows are yours, but don't say any more about it, said the pastor.

· · · · ·

Alt det presten la ut, kom han ingen veg med husmannen. Han stod på sitt. — Du sa at ein skulle få tidobbelt att, og du kan vel ikkje ha skift tru sidan sundagen? meinte han. Til sist vart dei samde om at den som vann helsa først på den andre neste morgon, skulle ha kyrne.

Tidleg morgonen etter kom husmannen setjande og ville inn og helsa på presten. Men døra var stengd. Så fann han eit ope vindauga over kjøkkendøra. Der kraup han inn og kom opp på nokre lause fjøler som låg til tørk på tverrbjelkane, og sette seg til å venta på presten.

Kvelden før hadde dei bryggja i prestegarden, og no kom tenestjenta ut i kjøkkenet og ville sjå til brygget. Då ho hadde teke loket av bryggjekaret, kom presten og ville gå til husmannen. Men straks han fekk auga på jenta, gløymde han både husmannen og hastverket.

— God morgon, jenta mi! Så tidleg gjekk ikkje eingong Pilatus til domhuset, sa presten. Dette var underleg snakk, tenkte husmannen. Og då han høyrde at presten stansa hjå jenta, vart han nyfiken og tøygde seg fram og ville sjå. I det same vippa fjøla han sat på.

Dermed stupte husmannen på hovudet ned i bryggjekaret. — Skund deg, far, den vonde tek oss — no hoppa han ned i bryggjekaret! skreik jenta. Ho og presten for ut til kvar sin kant. Og husmannen krabba seg opp or karet det fortaste han kunne og gjekk heim etter tørre klede.

Så kom han til prestegarden att og ville helsa på presten. — Eg var først oppe, så kyrne er mine, sa presten. — Nei, eg var her lenge før Pilatus gjekk til domhuset og den vonde datt i bryggjekaret, sa husmannen. — Hyss! Då er kyrne dine, men nemn ikkje meir om dette, sa presten.

The Blacksmith and the Princess

Once upon a time there was a king who only had the one child, and it was a daughter. He loved this daughter very much, as you can expect, and had guards to look after her when she was outside playing. And when she was to become an adult, he was very anxious for her to be married well.

Next to the king's palace there lived a blacksmith, and he was surely a fine blacksmith as well. One time he had made a sword, which was so that whatever living thing he struck with the sword, it would die. This good sword he always carried with him. But no matter how clever he was, he was only a dreary blacksmith.

When the princess was grown, she just loved the blacksmith and the two became betrothed. The king tried to both threaten and entice his daughter so she would not marry the blacksmith. But that was like throwing water on a duck's back. She wanted him and she had to have him, she said, no matter what happens.

The king could not have this shame hanging over his head — that his daughter was going to be married to a blacksmith. So he had a big barrel made and put both the blacksmith and his daughter inside, and also put some food and drink in there for them and sealed it. Then he put the barrel on the sea and let it drift to wherever it went.

There was a small window in the barrel, so that they should not be in complete darkness. Through the glass they could look outside, but they saw nothing more than the sea. The barrel drifted both far and wide, for many days. Then finally it stopped, and they saw they had arrived at a beautiful and flat land.

Here they went ashore and pulled the barrel up on the beach. For the time being they would use it for a house. Then one day, the blacksmith said he would go inland and have a look around. He thought it was so lonely here, as he saw neither man nor beast. — Then I will come as well, said the princess.

Smeden og kongsdottera

Det var ein gong ein konge som hadde eit einaste barn, og det var ei dotter. Han var svært glad i denne dottera si, som ventande var, og sette vakter til å passa på henne når ho leika ute i hagen. Og då ho vart vaksen, hadde han mykje sut for at ho skulle bli godt gift.

Attmed kongsgarden budde ein smed, og det var fulla ein gjæv smed òg. Han hadde ei gong laga eit sverd som var såleis at kva slag levande han hogg til, så døydde det. Dette gode sverdet bar han jamt på seg. Men om han var aldri så flink, var han likevel berre ein svart smed.

Då kongsdottera vart vaksen, tykte ho godt om smeden, og dei to vart trulova. Kongen både truga og lokka på dotter si at ho ikkje måtte gifta seg med smeden. Men det var som å skvetta vatn på gåsa. Ho ville og ho måtte ha han, sa ho, same korleis det så gjekk.

Kongen kunne ikkje la den skamma koma på seg at dotter hans skulle bli gift med ein smed. Så let han laga ei stor tønne og sette smeden og dotter si inn i den, hadde noko mat og drikke inn til dei og slo attfor. Så sette han tønna på havet og let henne reka som ho ville.

Det var eit lite vindauga i tønna, så dei ikkje skulle ha det radt mørkt. Gjennom glasrutene kunne dei sjå ut, men dei øygna ikkje anna enn hav. Tønna rak både lenge og langt, i mange dagar. Men til sist stogga ho, og då såg dei at dei var komne til eit fint, flatt land.

Dei gjekk i land der og drog tønna opp på stranda. Dei ville bruka henne til hus så lenge. Så ein dag sa smeden at han ville gå innetter landet og sjå seg om. Han tykte det var så audsleg, han såg korkje folk eller fe her. — Då vil eg vera med, sa kongsdottera.

No, the blacksmith wanted to go alone. When he had gone a while he met two shepherd boys, who were droving a large flock of sheep. They were big, fine-looking sheep with wool so long that it reached nearly to the ground, and each and every one of them had a bell made of copper around their necks.

— Who owns this wonderful flock of sheep? asked the blacksmith. — It is a massive giant who has three heads and lives in a castle made of copper, deep in the forest, said the shepherd boys. — To there you must not go. — It would be fun to see the castle, said the blacksmith as he went off.

When he walked a while further, he saw the castle far away in the forest, and it was so shiny that it shone both far and wide. The blacksmith walked straight to the door and knocked. — Who is it banging on my door? said the giant in a gruff voice. — You had better come out and see, said the blacksmith.

— If I come out I will eat you, said the giant, and with that he came out through the door. Well, the blacksmith had his good sword with him, and with that he struck so hard that the three heads went rolling down the hill. And then he walked back to the barrel. But he told nothing to the princess of what had happened.

The next day, the blacksmith wanted to go inland again to have a look around. When he had walked a while, he met two shepherd boys who were droving a large herd of cattle. The cattle were so fat and glossy that it shone from them, and each cow had a bell made of silver. — Who is the owner of these cattle? asked the blacksmith.

— It is a big giant with six heads that lives in a silver castle deep in the forest, said the shepherd boys. — You must not go there or he will eat you in just one gulp, they said. — It would be fun to see the castle, said the blacksmith as he went off.

· · · · ·

Nei, smeden ville gå åleine. Då han hadde gått eit stykke, møtte han to gjetslegutar som gjekk der og gjette ein stor sauflokk. Det var store, gilde sauer med så lang ull at ho nådde mest ned til marka, og kvar einaste ein av sauene hadde ei bjølle av kopar.

— Kven er det som eig denne gilde saueflokken? sa smeden. — Det er ein stor rise som har tre hovud og bur i eit koparslott langt inni skogen, sa gjetslegutane. — Dit må du ikkje fara. — Det kunne no vera moro å sjå slottet, sa smeden, og dermed traska han i veg.

Då han hadde gått eit stykke til, såg han slottet langt borti skogen, og det var så blankt at det skein langan lei av det. Smeden gjekk beint bort til slottet og banka på. — Kven er det som bankar på døra mi? sa risen med grovt mål. — Du får koma ut og sjå, sa smeden.

— Kjem eg ut, så et eg deg, sa risen, og med det same kom han ut gjennom døra. Men smeden hadde det gode sverdet sitt med og hogg til så alle tre hovuda trilla bortetter. Så gjekk han attende til tønna. Men han fortalde ikkje noko til kongsdottera om det som hadde hendt.

Dagen etter ville smeden gå innetter landet att og sjå seg om. Då han hadde gått ei stund, møtte han to gjetslegutar som gjette ein stor ku-bøling. Kyrne var så feite og blanke at det skein av dei, og kvar ku hadde ei bjølle av sølv. — Kven eig desse kyrne? sa smeden.

— Det er ein stor rise som har seks hovud og bur i eit sølvslott langt inni skogen, sa gjetslegutane. — Dit må du ikkje fara, elles et han deg opp i ein bit, sa dei. — Det kunne no vera moro å sjå slottet, sa smeden, og dermed traska ha av garde att.

When he walked a while further, he saw the castle far away in the forest, and it was much larger and shinier than the castle made of copper. The blacksmith walked straight to the door and knocked. — Who is it banging on my door? said the giant in a much gruffer voice than the other.

— You had better come out and see, said the blacksmith. — If I come out I will eat you, said the giant, and with that he came out through the door. But the blacksmith stood ready with his sword, and with that he struck so hard that all of the six heads went rolling down the hill. And then he walked back to the barrel on the beach.

Nor did he tell the princess anything this time. But when he took off inland the following day, she just wanted to come along. She both wept and she begged, for she was so unhappy when she was alone, she said. But the blacksmith refused to let her come along.

When he had walked for a while, he met two shepherd boys who were droving a large herd of horses. They were big, fat horses, so glossy that it shone from them, and every single horse had a bell made of gold. — Who owns this big and shiny herd of horses? asked the blacksmith.

— It is a big giant who has nine heads and lives in a gold castle deep in the forest, said the shepherd boys. — To there you must not go, he is so big that he will eat you up in just one gulp, they said. — It would be fun to see the castle, said the blacksmith as he went off.

When he had walked a while further, he saw the castle far away in the forest, and it was much, much larger than both the copper castle and the silver castle and so shiny that the blacksmith had to hold his hands in front of his eyes as soon as he saw it. Mind you, he was on the other hand, mostly used to looking at the black coal in his forge.

• • • • •

Då han hadde gått eit langt stykke til, såg han slottet langt borti skogen, og det var mykje større og blankare enn koparslottet. Smeden gjekk beint bort til porten og banka på. — Kven er det som bankar på døra mi? sa risen, og han var endå grovare i målet enn den andre.

— Å, du får koma ut og sjå, sa smeden. — Kjem eg ut, så et eg deg, sa risen, og med det same kom han ut gjennom døra. Men smeden stod ferdig med sverdet sitt og hogg til, så alle dei seks hovuda for trillande bortetter. Så gjekk han attende til tønna på stranda.

Heller ikkje denne gongen fortalde han noko til kongsdottera. Men då han tok av stad innetter landet den tredje dagen, ville ho endeleg vera med. Ho både gret og bad, for ho berre vantreivst når ho måtte vera att åleine, sa ho. Men smeden nekta henne å bli med.

Då han hadde gått ei stund, møtte han to gjetslegutar som gjette ei stor hestedrift. Det var store, feite hestar, så blanke at det skein av dei, og kvar einaste hest hadde ei bjølle av gull. — Kven er det som eig denne store og gilde hestedrifta? spurde smeden.

— Det er ein stor rise som har ni hovud og bur i eit gullslott langt inni skogen, sa gjetslegutane. — Dit må du ikkje fara, elles et han deg opp i ein bit, så diger som han er, sa dei. — Det kunne no vera moro å sjå dette slottet hans, sa smeden, og dermed traska han i veg.

Då han hadde gått eit godt stykke til, såg han slottet langt borti skogen. Det var mykje, mykje større enn både koparslottet og sølvslottet, og så blankt at smeden laut halda for augo med det same han fekk sjå det. Han var no mest van med å sjå på dei svarte kola, han.

Well, he went straight up to the castle and knocked on the door. — Who is it banging on my door? said the giant, and his voice was so gruff that it thundered throughout the castle. — You had better come out and see, said the blacksmith. — If I come out I will eat you, said the giant, and with that he came out through the door.

But the blacksmith stood ready with his sword, and with that he struck so hard that all the nine heads went rolling down the hill. And so he walked back to the barrel on the beach, but he told nothing to the princess this time either. The next day, she absolutely wanted to go with the blacksmith to look about, and this time she was allowed.

First they went to the copper castle and looked at it. — Could you be happy here, do you think? said the blacksmith. Oh yes, to be sure I could, said she, but it is of no use, we cannot stay here anyway, as the castle is not ours. — No, here I would not want to be, said the blacksmith.

And so they went to the silver castle and looked at it. — Could you be happy here, do you think? said the blacksmith. Oh yes, to be sure I could, said she, but it is of no use thinking about that, we cannot stay here anyway, as the castle is not ours. — No, here I would not want to be, said the blacksmith.

Now they went to the gold castle and looked at it. Could you be happy here? said the blacksmith. — Yes, here I could be happy, and here I want to stay, said she. — Aye, here I want to be as well, said the blacksmith, and so he told her of how he had got rid of the three giants. And now the princess was happy.

And then the blacksmith built a grand ship, and he and the princess sailed back with it to the king's castle. Now they were well received by the king, and there was a wedding and feasting for many days. Later they went back to the gold castle, and if they are not dead, then they are still living there.

• • • • •

Men han gjekk beint bort til slottet og banka på. — Kven er det som bankar på døra mi? sa risen, og han var så grov i målet at det glumde i heile slottet. — Du får koma ut og sjå, sa smeden. — Kjem eg ut, så et eg deg, sa risen, og med det same kom han ut gjennom døra.

Men smeden stod ferdig med sverdet og hogg til, så alle dei ni hovuda trilla bortetter. Så gjekk han attende til tønna, men han fortalde ikkje noko til kongsdottera denne gongen heller. Dagen etter ville ho plent vera med smeden og sjå seg om, ho òg, og no fekk ho lov.

Først gjekk dei til koparslottet og såg på det. — Kunne du trivast her, trur du? sa smeden. — Å ja, eg trur sakte det, sa ho, — men det er ikkje noko hjelp i det, vi får ikkje vera her likevel, for det er ikkje vårt slott, sa ho. — Nei, her vil eg ikkje vera, sa smeden.

Så gjekk dei til sølvslottet og såg på det. — Kunne du trivast her, trur du? sa smeden. — Å ja, det trur eg nok, sa ho, — men det nyttar ikkje å tenkja på det, vi får ikkje vera her likevel, for det er ikkje vårt slott, sa ho. — Nei, her vil eg ikkje vera, sa smeden.

No gjekk dei til gullslottet og såg på det. — Kunne du trivast her, trur du? sa smeden. — Ja, her kunne eg trivast, og her vil eg vera, sa ho. — Ja, her vil eg òg vera, sa smeden, og så fortalde han korleis han hadde vorte kvitt dei tre risane. Då vart kongsdottera glad.

Så bygde smeden eit gildt skip, og med det siglde han og kongsdottera attende til kongsgarden. No vart dei vel mottekne av kongen, og det vart bryllaup og gjestebod i mange dagar. Sidan for dei attende til gullslottet, og er dei ikkje døde, så lever dei der enno.

The old troll who wanted to propose

One time long, long ago, there lived a lonely old troll far away on a mountain plateau. But as the years passed him by, he became tired of living alone.

— Maybe I should find myself a wife? he said, talking to himself one winter after having thought about it for a few hundred years. And so he went out to propose.

In the mountains that surrounded the plateau, there lived many unmarried troll women, but none wanted to have anything to do with this troll.

The troll went from mountain to mountain, but always received the same answer: Scram! We don't want such an old troll as you.

So the old troll had to go back home alone. He was so angry and grumpy that he kicked away big rocks and pulled up big trees with their roots still on.

One of the troll women he had proposed to, he just could not get out of his head. Throughout the evening, all he could do was sit and think about her, the beautiful Giantess-Guri.

Trollgubben som skulle fri

Ein gong for lenge, lenge sidan budde det ein einsleg trollgubbe langt inne på fjellvidda. Men etter som åra gjekk, vart han lei av å leva åleine.

— Kanskje skulle eg finna meg ei brur? sa han til seg sjølv ein vinter etter at han hadde tenkt seg om nokre hundre år. Og så gjekk han ut for å fri.

I fjella som låg rundt fjellvidda, budde det mange ugifte trollkjerringar, men ingen ville ha noko med trollgubben å gjera.

Trollet gjekk frå fjell til fjell, men alltid fekk han det same svaret: — Pakk deg heim! Vi vil ikkje ha ein slik gammal trollgubbe som deg.

Og så måtte trollgubben gå heim att til seg sjølv åleine. Han var så sint og sur at han sparka unna store steinar, og rykte store tre opp med rota.

Ei av trollkjerringane han hadde fridd til, kunne han ikkje gløyma. Utover kvelden vart han sitjande og tenkja på henne, den fagre Gyger-Guri.

He knew he could not get her by himself, and therefore sent a message to his cousin, with a fox that was just sauntering past.

— Can you fetch my cousin who lives in the tallest mountain north of the plateau? he asked the fox. Aye, of course I can, he replied.

It did not take long before his cousin, whose name is Halvor, to come running along with his seven league boots. — What do you want? he asked.

— If you can help me so that I can get that Giantess-Guri, I will give you a bag of gold coins, said the troll. And for such amount of money, Halvor was not going to say no.

— I will invite all the trolls on the plateau for a party at my home, said Halvor. — And then I will sneak a magic potion into their beer so that they will all fall asleep.

— Whilst everyone is sleeping, you can come and collect your Giantess-Guri. Aye, this the old troll thought was such a good idea. A sleeping troll woman he should be able to manage.

• • • • •

Han skjønte at han ikkje greidde å få tak i henne åleine, og difor sende han bod til syskenbarnet sitt, med ein rev som kom ruslande forbi.

— Kan du henta syskenbarnet mitt som bur i det største fjellet nord for fjellvidda? sa han til reven. Jau, reven kunne då gjera det, sa han.

Det gjekk ikkje lang stunda før syskenbarnet, som heitte Halvor, kom setjande med sjumilsstøvlane sine. — Kva er det du vil? undra han.

— Kan du hjelpa meg slik at eg får ho Gyger-Guri, så skal du få ein sekk med gullpengar, sa trollet. Og for slik betaling ville Halvor sjølvsagt hjelpa.

— Eg ber saman alle troll rundt heile vidda på fest heime hos meg, sa han. — Og så lurer eg trolldomsdrikk oppi ølet slik at dei sovnar alle saman.

— Medan alle søv, kan du koma og henta ho Gyger-Guri. Jau, trollgubben syntest det var ein god idé. Ei sovande trollkjerring skulle han nok få med seg.

One week later, all the trolls from around the mountain district were at Halvor's home to have a party. Also, Giantess-Guri was there. Shortly they began drinking and eating.

It all went as they had planned. In the still, clear winter's night, it did not take long before all the trolls slept so hard that it thundered.

Halvor took a torch to fetch the old troll who was sitting outside and waiting on a pile of snow. — Aye, now you can take her with you, he said.

The old troll tiptoed between the sleeping trolls, to look for his Giantess-Guri as carefully as he could. He was so happy and excited that his knees were shaking.

Now finally he would not need to live alone, he was thinking. But that Giantess-Guri was a lot heavier than he had thought and the snow was deep.

The old troll had not walked many steps before he fell over with Giantess-Guri into the soft snow. And this certainly was not the bridal bed he had hoped for.

· · · · ·

Ei veke etterpå var det samla troll frå heile fjellheimen til fest hos Halvor. Også ho Gyger-Guri var der. Snart tok dei til å drikka og eta.

Alt gjekk som dei hadde planlagt. I den stille, klåre vinternatta gjekk det ikkje lange stunda før alle trolla sov så det dura.

Halvor tok ein fakkel, og gjekk ut for å henta trollgubben som sat ute i snøhaugen og venta. — Ja, no kan du ta henne med deg, sa han.

Trollgubben lista seg inn mellom dei sovande trolla, og letta opp Gyger-Guri så varleg han berre kunne. Han var så glad og spent at han skalv i knea.

No skulle han endeleg sleppa å vera åleine, tenkte han. Men Gyger-Guri var mykje tyngre enn han hadde trudd, og snøen var djup.

Trollgubben hadde ikkje gått mange stega før han ramla i koll med Gyger-Guri i den lause snøen. Og det vart ei anna brureseng enn han hadde tenkt seg!

When Giantess-Guri felt the icy cold snow on her face she awoke, and let out such a screech, that it went both through one's bones and through one's marrow.

All the other guests awoke as well, and tumbled outside to see what was happening. More than one troll received a gravel rash on their long noses that night.

When they saw Giantess-Guri and the old troll in the pile of snow, they understood that they had been tricked, and that Halvor had put some magic potion into their beer.

Now, both Halvor and the old troll realized that they needed to get away. They ran off with all the other trolls close on their heels. And faster than fast they ran!

They climbed up the jagged Midgard peak, and there they stayed until spring before they dared to climb back down again. And as for a bag of gold coins for Halvor, that just was not to be this time.

One can never get far using force on troll women; there one must use caution as well as cunning. This, the two old trolls had learned from their little prank this time.

· · · · ·

Då Gyger-Guri fekk iskald snø i ansiktet, vakna ho, og ho sette i eit gaul som var så fælsleg at det gjekk gjennom både merg og bein.

Alle dei andre gjestene vakna også, og dei tumla ut for å sjå kva dette var. Meir enn eitt troll fekk skrubbsår på den lange nasen den gongen.

Då dei fekk sjå Gyger-Guri og trollgubben i snøhaugen, forstod dei at dei hadde vorte narra, og at Halvor hadde blanda trylledrikk i ølet deira.

No skjønte både Halvor og trollgubben at det var best å koma seg unna. Dei sprang av garde med alle dei andre trolla etter seg. Og no gjekk det fort!

Dei klatra opp på den spisse Midgardstinden, og der vart dei sitjande til våren før dei torde å klatra ned. Og nokon sekk med gullpengar vart det ikkje på Halvor den gongen.

Ein kjem aldri langt om ein bruker makt mot trollkjerringar, då må ein bruka lempe og list. Det lærte trollgubben den gongen.

The Boy, the Giant and the Girl

Once upon a time, a boy had come up the mountain where a giant lived. How he came there we do not know, nor does it matter.

There was also a girl there with the giant, and when she saw the boy, she said: Oh poor you, how did you get here? It will cost you your life before you can get away.

But the girl wanted to help the boy. — Go now and ask the giant what he wants you to do today, said she. — When you know, you can come back to me again.

So the boy went up to the giant. — What shall I do today? he asked.— Well, today is your first day, so you don't need to do much. You can take my horse and ride a little, answered the giant.

So the boy went to the girl and told her of this. — This will cost you your life, because this horse he is talking about is no other than the giant himself, said she.

— However, take you this iron bar and give the horse three blows on the head as hard as you can. You can wait by the stable door until the horse comes galloping.

Guten og jøtulen og jenta

Det var ein gong ein gut som hadde kome til ein jøtul. Korleis han var komen dit, veit vi ikkje, og det same kan det vera.

Det var også ei jente hos denne jøtulen, og då ho fekk sjå guten, sa ho: — Å, stakkars deg, korleis er du komen hit? Det kjem til å kosta deg livet før du kjem ut att.

Men jenta ville hjelpa guten. — No kan du gå til jøtulen og spørja kva du skal gjera i dag, sa ho. — Når du har fått greie på det, kan du koma til meg igjen.

Så gjekk guten til jøtulen. — Kva skal eg gjera i dag? spurde han. — Å, i dag det er første dagen, treng du ikkje gjera så mykje. Du kan berre taka hesten min og rida litt, svara jøtulen.

Så gjekk guten til jenta og fortalde dette. — Det kjem til å kosta deg livet, for denne hesten han snakkar om, er ingen annan enn jøtulen sjølv, det, sa ho.

— Men no kan du ta denne jernstonga og gi hesten tre slag i hovudet så hardt du berre orkar. Du kan berre stilla deg opp ved stalldøra til hesten kjem setjande.

— And you will hear a terrible roar, long before the horse comes galloping, and when he comes in front of you, you are to give him three hard blows with the iron bar, said the girl.

— But it would be best if you hit as hard as you can, because then it will be easier to put the bridle on. When you have ridden him a while, put him in the stable.

Well, the boy did as the girl said. He took the iron bar and the bridle and stood by the stable door. The big iron bar he hid behind his back as well as he could.

It was not long before it started to roar so loudly that it was really frightening, and when the boy looked, he saw the horse coming so fast that the dust was flying around him.

The horse came right up to the stable door, with his jaw gaping wide, as if he wanted to swallow the boy, with both clothes and all. But the boy whacked him with his iron bar.

When the horse received the third blow, he became docile enough for the boy to throw the bridle over him. — Well, this should be quite a ride, the boy feared.

· · · · ·

— Så høyrer du ein fæl dur lenge før hesten kjem setjande, og når han kjem like framfor deg, skal du gi han tre harde slag med jernstonga, sa jenta.

— Men det er best å slå til alt du orkar, for då vert det lettare å få på bekselet. Når du så har ridd ei stund, skal du sleppa han inn i stallen att.

Ja, guten gjorde som jenta sa. Han tok jernstonga og bekselet og stilte seg opp ved stalldøra. Den digre jernstonga gøymde han bak seg så godt han kunne.

Det varte ikkje lenge før det tok til å dura så det var mest nifst, og då guten titta fram, fekk han sjå hesten koma så støvet fauk rundt han.

Hesten kom like fram til stalldøra med kjeften på vidt gap, som om han ville sluka guten med hud og hår. Men guten slo til han med jernstonga si.

Då hesten fekk det tredje slaget, vart han såpass roleg at guten fekk kasta bekselet på han. — Men dette vert no helst ein underleg ridetur, frykta guten.

It went as the boy had thought. It was a lively ride, but the boy managed to stay on the horse even when the horse both galloped and bucked so that the dust was dancing around them.

When the horse eventually stopped, he was white with sweat. The boy let the horse into the stable, as the girl had said he should do.

Then the boy went back in to the girl again. — Now you can go in to the giant and ask him how he liked the way you rode his horse.

— How did the giant like the way I rode his horse? asked the boy. — Shame on you for asking how you rode, said the giant. He was not in a good mood.

The next day the boy went to the giant and asked what he should do now. — Today you will have harder work than yesterday. Today you will build a church, said the giant.

— This church must not be found the like of anywhere else. It must contain church bells from three different kingdoms. And it must be finished by tonight, otherwise you will be sorry, said the giant.

• • • • •

Det gjekk som guten tenkte. Det vart ein livleg ridetur, men guten greidde å halda seg på hesteryggen sjølv om hesten sprang og hoppa så støvet dansa rundt dei.

Då hesten til slutt stansa, var han heilt kvit av sveitte. Guten sleppte hesten inn i stallen, som jenta hadde sagt han skulle gjera.

Så gjekk guten inn til jenta igjen. — No kan du gå til jøtulen og spørja han korleis han lika at du reid hesten hans.

— Korleis likte jøtulen at eg reid hesten? spurde guten. — Tvi vøre deg korleis du reid, sa jøtulen. Han var ikkje i godt humør.

Dagen etter gjekk guten til jøtulen og spurde kva han no skulle gjera. — I dag skal du få verre arbeid enn i går. I dag skal du byggja ei kyrkje, sa jøtulen.

— Denne kyrkja må det ikkje finnast maken til. Det må vera klokker frå tre kongerike i ho. Og så må ho vera ferdig til i kveld, elles skal det gå deg ille, sa jøtulen.

— Oh dear, today is really bad, said the boy when he came in to the girl again. And so he told her about the church and the three bells, and that he must build it by nightfall.

— Well this is not easy work, said the girl. — However, we do also have a solution. Now we will go to the hill gnomes and ask if they will help us.

The hill gnomes were willing to start straight away. And these were fellows who could work. But then the boy helped out as much as he could, as well.

When it neared the middle of the day, the church was finished and the bells were hung. But now the hill gnomes were so tired that they lay themselves on the ground to rest.

The girl told the boy to go to the giant and tell him the church was finished. — But you shall take a hammer with you and a nail, and the nail you must hammer into the wall of the church. And then you say to the giant:

"Here the giant can hang his hat." Then the giant will put out his hand to thank you for the work, but you are only to put the hammer into his hand. This, the boy promised to do.

· · · · ·

— Å hjelpe meg, i dag er det reint ille, sa guten då han kom inn til jenta igjen. Og så fortalde han om kyrkja med dei tre klokkene, og at han måtte byggja ho til i kveld.

— Å, dette er ikkje lett arbeid, det, sa jenta. — Men det skal vi nok ha ei råd med. No skal vi gå til haugtussane og spørja om dei vil hjelpa oss.

Haugtussane var villige til å ta til med det same, dei. Og det var karar som kunne arbeida. Men så hjelpte guten til alt han greidde, han òg.

Då det leid til midt på dagen, var kyrkja ferdig og alle klokkene opphengde. Men no var tussane så slitne at dei la seg ned på kyrkjebakken og kvilte seg.

Jenta bad guten gå til jøtulen og seia at kyrkja var ferdig. — Men du skal ta med deg ein hammar og ein spikar, og spikaren skal du slå i kyrkjeveggen. Og så seier du til jøtulen:

"Her kan jøtulen hengja hatten sin." Då kjem jøtulen med handa si og vil takka deg for arbeidet, men du skal berre leggja hammaren i neven hans. Guten lova at det skulle han gjera.

So the boy went to the giant. — Now the church is finished, said the boy, and now the giant can come and look at my work.

I will come straight away, answered the giant. — But I think it went a little too fast, I do. The boy took a hammer and a nail with him, and sauntered after the giant.

The giant walked for a long time around this beautiful church. Finally he stopped and looked at the fine-looking church door. The boy hammered the nail into the wall. — Here the giant can hang his hat, said he.

The giant took his hat and hung it on the nail. Then he reached his hand behind him to thank the boy for the work. But the boy laid the hammer into the giant's hand instead.

The giant squeezed so hard that the hammer was just a flat lump of steel. — It is just as well that I did not have my hand in there, thought the boy when he got his hammer back. The giant was angry when he sauntered back into the mountain.

The girl went and praised the boy. — But tomorrow morning you must go to the giant again to ask what work you are to do, she said.

· · · · ·

Så drog guten til jøtulen. — No er kyrkja ferdig, sa han, — og no kan jøtulen koma og sjå på arbeidet mitt.

— Eg skal koma med ein gong, svara jøtulen. — Men eg synest det gjekk litt fort, dette. Guten tok med seg ein hammar og ein spikar og rusla etter jøtulen.

Jøtulen gjekk lenge rundt den vakre kyrkja. Til slutt stansa han og såg på den flotte kyrkjedøra. Guten slo spikaren i veggen. — Her skal jøtulen hengja hatten sin, sa han.

Jøtulen tok hatten sin og hengde på spikaren. Så tok han handa bak seg og ville takka guten for arbeidet. Men guten la hammaren i jøtul-neven.

Jøtulen klemde til så det berre vart ein flat klump av hammaren. — Det var godt eg ikkje hadde handa mi der, tenkte guten då han fekk att hammaren sin. Jøtulen var sint då han rusla inn i fjellet att.

Jenta kom og skrytte av guten. — Men i morgon tidleg må du gå til jøtulen igjen og høyra kva arbeid du skal gjera, sa ho.

The next day the boy was up early. When he came outside into the yard and was going to the giant, he met the girl. — I hope that luck is with you today as well, said she.

— What does the giant want me to do today? asked the boy. — Well, today you need not work so hard, as you toiled so hard yesterday. I only want you to get married today.

— This can cost you your life, said the girl when she heard what the giant had said. — Because now the giant will take you into a hut where there are nine girls sitting around a table.

All these girls are so alike that you cannot distinguish which one is me. So I will pick up my bag, as the others will also do, but a fly will come flying out of my bag.

This fly will fly to you and then back to me, and then you will see where I am. The boy promised to remember this, because he rather fancied the girl for a wife.

So the boy went out into the yard. A while later the giant came. — Now we shall find a good wife for you, said the giant.

• • • • •

Dagen etter var guten tidleg oppe. Då han kom ut i tunet og skulle gå til jøtulen, trefte han på jenta. — Håpar lukka er med deg i dag også, sa ho.

— Kva vil jøtulen eg skal gjera i dag? spurde guten. — Å, i dag treng du ikkje ta det så hardt, du sleit så tungt i går. Eg vil berre at du skal gifta deg i dag.

— Dette kan koma til å kosta deg livet, sa jenta då ho fekk høyra kva jøtulen hadde sagt. — For no tek jøtulen deg med seg inn i ei stove der det sit ni jenter rundt eit bord.

Alle desse jentene er så like at du greier ikkje å kjenna meg att. Så tek eg opp veska mi, og det same gjer dei andre også, men då flyg det ei fluge opp frå veska mi.

Denne fluga flyg bort til deg og så tilbake til meg, og slik ser du kvar eg er. Guten lova jenta å hugsa på dette, for han ville gjerne ha jenta til kone.

Så gjekk guten ut i tunet. Ei stund etter kom jøtulen. — Ja, no skal vi finna ei fin kone til deg, sa jøtulen.

— Go in there, said the giant to the boy and rushed him into one of his huts. — Now you need to be quick and choose yourself a wife, he said.

There sat nine beautiful girls around a table. And they were all so alike that he could not see which one was his girl.

But then one of the girls picked up her bag, and so did all the others. Then a fly came out of the bag of one of the girls.

The fly flew straight to the boy and back to the girl again. This the boy saw, and now he knew which girl he was to choose as his wife.

— I think I will take her, said the boy. He went and took his girl by the hand. — Shame be on you, you scoundrel, no matter what, said the giant.

The giant was so angry that he could barely control himself. He grabbed the boy and the girl and rushed out the door. — Now I will throw the both of you into the snake pit, he said.

• • • • •

— Kom deg inn der, sa jøtulen til guten og jaga han inn i ei av stovene sine. — No må du vera rask til å velja deg ut ei kone, sa han.

Det sat ni vakre jenter rundt stovebordet. Og alle var dei så like at guten ikkje kunne kjenna igjen jenta si.

Men så tok ei av jentene fram veska si, og så tok alle dei andre fram veskene sine også. Då flaug det ei fluge opp av veska til den eine jenta.

Fluga flaug rett bort til guten og så tilbake til jenta igjen. Dette såg guten, og no visste han kva jente han skulle velja til kone.

— Eg tenkjer eg tek henne, eg, sa guten. Han gjekk fram og tok jenta si i handa. — Tvi vøre deg, din kjeltring, korleis du vel, sa jøtulen.

Jøtulen vart så sint at han nesten ikkje kunne styra seg. Han hogg tak i guten og jenta og strauk på dør. — No vil eg kasta dykk begge i ormegarden min, sa han.

But it did not bother the girl or the boy that the giant threw them into his snake pit, because Floritina, that was the name of the girl, could do magic. She had the snakes curl themselves up, and not one did them any harm.

So the girl and the boy crawled out from that horrible snake pit. It was a hard struggle before they were out. The boy took the girl by the hand, and ran as fast as they could. They were scared that the giant would come after them.

The girl and the boy had only just come behind the first hill when the giant came running out of his mountain. — Now, I think that the snakes would have put an end to them, he said.

But when the giant came to the snake pit, he saw that neither the girl nor the boy was there. — But how have they managed to do this? screamed the giant. He was so angry that he was jumping and hopping up and down on the ground.

Now the giant ran to the mountain where he kept his eagles and grabbed the three oldest eagles he had. — Hurry now and bring back the girl and the boy, he said as he gestured and hit out, waiving his stick.

— Brrrrr! It is beginning to get windy! said the boy. — Aye, it will be windy now, said the girl, — for now the giant has sent his eagles out after us.

· · · · ·

Men det gjorde ikkje jenta og guten noko at jøtulen kasta dei i ormegarden sin, for Floritina, det heitte jenta, kunne trylla, ho. Ho fekk ormane til å ringa seg i hop, og ingen gjorde dei noko vondt.

Så krabba jenta og guten opp frå den fæle ormegarden. Det var eit hardt slit før dei kom seg opp. Guten tok jenta i handa, og så sprang dei alt dei kunne. Dei var redde jøtulen ville koma etter dei.

Guten og jenta var ikkje før komne bak første haugen, før jøtulen kom springande ut av fjellet sitt. — No tenkjer eg at ormane har gjort ende på dei, sa han.

Men då jøtulen kom bort til ormegarden, såg han at verken jenta eller guten var der. — Men korleis har dei greidd dette? sa jøtulen. Han var så sint at han stod og hoppa på bakken.

No for jøtulen bort til ørnefjellet sitt og fekk tak i dei tre eldste ørnane han hadde. — No skal de skunda dykk og henta tilbake jenta og guten, sa han. Han slo og veiva med stokken sin.

— Huttetu! No tek det til å blåsa! sa guten. — Ja, det må vel blåsa no, sa jenta, — for no har jøtulen sendt ørnane etter oss.

Then the girl changed the boy into a little hill with a thicket of birch on top, and herself into a goat that stood there munching on the leaves.

When the eagles came, the goat took to staring and glaring so they became frightened and flew back home to the giant.

— Shame on you! said the giant when he heard that the goat had scared off the eagles. — I better go myself, said he. And he threatened the eagles so they would follow him.

— Brrrrr! It is starting to blow again, said the boy. — Aye, it will blow now, said the girl, for the giant is now coming to take us.

So the girl changed the boy into a small lake. Then she heard the thundering back in the hills. That must be the giant coming. — Now I will change myself to a duck, said the girl.

When the giant came over the hill, he saw the duck. — Have you seen a boy and a girl come by? he asked the duck. But the duck did not answer.

• • • • •

Så skapte jenta guten om til ein liten jordhaug med litt bjørkekratt på, og seg sjølv til ei geit som stod og gomla på lauvet.

Då ørnane kom, tok geita til å stira og glo så dei vart redde og flaug heim til jøtulen.

— Tvi vøre dykk! sa jøtulen då han fekk høyra om geita som hadde skremt ørnane. — Eg må nok i veg sjølv, sa han. Men han truga ørnane til å følgja med.

— Huttetu, no tek det til å blåsa på nytt, sa guten. — Ja, det må vel blåsa no, sa jenta, — for no kjem jøtulen og vil ta oss.

Så skapte jenta guten om til eit lite vatn. Då høyrde ho det buldra borte i åsane. Det var nok jøtulen som kom. — No vil eg skapa meg sjølv om til ei and, sa jenta.

Då jøtulen kom over åsryggen, såg han anda. — Har du sett ein gut og ei jente koma forbi her? spurde jøtulen. Men anda svara ikkje.

— So you don't want to answer me either, said the giant. — Just you wait, I will get to trick you, I will!

Then the giant told the eagles that they were to hurry home and grab some corn so he could coax the duck ashore. — But hurry yourselves, he said.

When the eagles had flown off, the duck came swimming towards the shore. — Aye, come here you beautiful little duck, said the giant and made himself look as kind as he could.

But this duck did not venture near the giant; she was too smart for that. When the giant saw this he suddenly jumped out into the water and tried to grab her.

But swish! There was the duck in the middle again. Aye, if I cannot get you in any other way I will drink both you and the lake up, said the giant and began to drink. — Oh look at that beautiful wedding party over there! said the duck.

And when the giant looked up, it was the sun rising. Because when the sun strikes a giant, they split and thus become a big rock. This giant rock is still there, this day today.

• • • • •

— Så du vil ikkje svara meg heller, sa jøtulen. — Men du kan berre venta, eg skal nok greia lura deg, eg!

Så sa jøtulen til ørnane sine at dei skulle skunda seg heim etter litt korn så han fekk lokka anda til lands. — Men skund dykk, sa han.

Då ørnane hadde reist, kom anda symjande inn mot land. — Ja, kom berre hit du, vakre, snille anda mi, sa jøtulen og gjorde seg så blid han berre kunne.

Men denne anda våga seg nok ikkje bort til jøtulen, ho var for lur til det. Då jøtulen såg dette, bråhoppa han ut i vatnet og ville ta ho.

Men husj! Der var anda midt utpå att. — Ja, får eg ikkje tak i deg på anna vis, skal eg drikka både deg og vatnet, sa jøtulen og tok til å drikka. — Å nei, sjå det vakre brudefølgjet nedi dalen der! sa anda.

Då jøtulen såg opp, så var det sola som kom opp. Og dermed sprakk jøtulen og vart til ein stor stein. Denne jøtulsteinen ligg der den dag i dag.

The Bear and the Fox

Once upon a time, there was a bear who sat on a sunlit hill and slept. Then there came a fox slinking around and saw the bear. — You are just sitting there and loafing about, thought Reynard. — To be sure, I had better play a trick on you then!

So he found three forest mice and put them on a tree stump, right under the bear's nose. — You — bear! Peter the hunter is behind the stump! he shouted right in the bear's ear, and ran as fast as he could.

The bear woke up with a jerk, and when he saw the three mice, he thought it was they who had shouted in his ear. He was so mad that he raised his paw and was about to strike. But then he caught a glimpse of Reynard's tail between the bushes and he took off after him.

Right when Reynard was about to slip under the root of a spruce, the bear grabbed a hold of his right hind leg, and now the fox was in a pickle. — Now I have you, said the bear and made ready to beat him to death.

But Reynard was not out of options this time either. — Let go of the spruce root and take hold of the fox's leg! he yelled. The bear believed it and let go of the fox's leg.

And then the fox laughed there where he sat in his hole. — I fooled you again, you dimwitted bear! — This you will pay for another time, said the bear. He was so angry that he tore up a stump by the roots and threw it at the fox.

Bjørnen og reven

Det var ein gong ein bjørn som sat i ein solbakke og sov. Då kom det ein rev luskande framom og fekk sjå bjørnen. — Sit du der og latar deg, tenkte Mikkel. — No skal eg jammen erta deg litt!

Så fann han tre skogmyser og sette dei på ein stubbe, tett oppunder bjørnenasen. — Buh, bamse, Per jeger ligg bak stubben! skreik han rett inn i øyra på bjørnen, og så sprang han det raskaste han kunne.

Bjørnen bråvakna, og då han såg dei tre mysene, trudde han det var dei som hadde ropt i øyra hans. Han vart så sinna at han letta på labben og skulle til å slå. Men så fekk han sjå halen til Mikkel mellom buskene og la i veg etter han.

Med det same Mikkel skulle smetta inn under ei granrot, fekk bjørnen tak i den høgre bakfoten hans, og der sat reven i klemma. — No har eg deg, sa bamsen og gjorde seg klar til å slå han i hel.

Men Mikkel var ikkje rådlaus denne gongen heller. — Slepp granrota og ta revefoten! ropa han. Då trudde bamsen det og sleppte taket i revefoten.

Men då lo reven der han sat inne i hola si. — Lurde eg deg ikkje no og, bamsefar! — Dette skal du nok få att ein gong, sa bjørnen. Han var så sint at han reiv opp ein rotstubb og kasta etter reven.

The Troll and the Thunderstorm

Way up in a narrow valley there was a little village with several small farms having cows, pigs, sheep, goats and chickens on them, such as it was on farms many years ago. People lived as well as they could from what work and nature gave them. Behind this little village lay a large mountain, and inside the mountain lived a troll. He was a rich troll with heaps of both gold and silver — so it was told, — as several people had been inside the troll's mountain.

When it had been a bad year, and people had neither food nor drink, they usually went to the troll and poured out their troubles to him. And as a rule, the troll would help them with both the one thing and the other, so that they would not starve to death.

But one of the farmers in the village did not believe anything about a troll who lived in the mountain. — Have you ever heard the like of such nonsense and superstition, he said. — It is only something people imagine. There is no such thing as a troll!

But then it happened so that this particular farmer was subjected to one misfortune after the other. The animals became sick and the grain on the field froze, and then into the winter there was less and less to live on for the farmer and his family.

His wife said that now he also was to seek help from the troll, just as all the others, but the man did not want to go. After a while as poverty set in and his wife nagged, the man realized that there was no other way out, but for him to also go to the troll.

Trollet og Toreveret

Langt oppe i ein trong dal låg det ei lita grend med fleire små gardar med kyr, griser, sauer, geiter og høner, slik det var på gardane før i tida. Folk levde som best dei kunne av det arbeidet og naturen gav. Bak denne vesle grenda låg det eit stort fjell, og inne i dette fjellet budde det eit troll. Det var eit rikt troll med haugar av både gull og sølv — etter det som vart fortalt, for fleire folk hadde vore inne i fjellet hos trollet.

Når det hadde vore uår, og folk korkje hadde mat eller drikke, hende det nemleg at dei gjekk til trollet og klaga si naud. Og trollet hjelpte dei som regel med både det eine og det andre, slik at dei ikkje svalt i hel.

Men ein av bøndene i grenda trudde ikkje noko på at det skulle bu eit troll inne i fjellet. — Høyrt på maken til tullprat og overtru, sa han. — Det er berre noko folk innbiller seg. Troll finst ikkje!

Men så laga det seg slik at akkurat denne bonden vart utsett for det eine uhellet etter det andre. Dyra vart sjuke og kornet fraus, og utpå vinteren vart det mindre og mindre å leva av for bonden og familien hans.

Kona sa at no fekk han òg søkja hjelp hos trollet, slik som alle andre, men mannen ville ikkje. Etter kvart som armoda auka og kona masa, såg mannen likevel ikkje nokon annan utveg enn å gå til trollet, han òg.

On a dark winter's night the man sneaked off, and walked until he came to the mountain. There he knocked on a door. And then when it began to rumble and crash inside the mountain, it cannot be denied that he was both pale and afraid.

After a while the troll opened a door in the mountain and asked what the man wanted. — I need both food and money, the farmer stammered. — I have had many misfortunes, and now both we and the children are starving, and in spring we are expecting another child.

— You should have come to me a long time ago, said the troll. — Then you could have lived well like the others. But for now you will get a pouch of money from me so that you can manage until the fall.

The man was so glad that he both thanked and he bowed. — When the new child is born, I would like to be a godparent, said the troll. This, the man promised and ran happily and joyously home with the money he had been given.

Now the farmer and his family had good days. He bought more cows, and he was lucky with his pastures. The whole family was glad and happy, and soon the new child was also born.

— Now we can afford a christening celebration, thought the man. — But if I ask the troll, all the people in the village will laugh at me because I didn't believe in him, and that I waited so long to ask for help. And I don't want them laughing at me.

・・・・・

Ei mørk vinternatt sneik mannen seg av garde, og gjekk til han kom til fjellet. Der banka han på. Og då det tok til å rumla inne i fjellet, var det ikkje fritt for at han vart både bleik og redd.

Om litt opna trollet ein port i fjellet, og spurde kva mannen ville. — Eg treng både mat og pengar, stamma bonden. — Eg har hatt mange uhell, og no svelt både vi og borna, og til våren ventar vi endå ein unge.

— Du skulle ha kome til meg for lenge sidan, sa trollet. — Så kunne du hatt det like godt som dei andre. Men her skal du få ein pung med pengar av meg slik at du greier deg fram til hausten.

Mannen vart så glad at han både takka og bukka. — Når det nye barnet blir født, vil eg gjerne vera fadder, sa trollet. Det lova mannen, og sprang glad og lykkeleg heim med pengane han hadde fått.

No hadde bonden og familien hans gode dagar. Han kjøpte fleire kyr, og han var heldig med åkeren. Heile familien var glad og lykkeleg, og snart vart også det nye barnet født.

— No har vi råd til ein dåpsfest, tenkte mannen. — Men ber eg trollet, kjem alle folk i grenda til å le av meg fordi eg ikkje trudde på det, og venta så lenge med å be om hjelp. Og det vil eg ikkje.

— Let me go and ask the troll, said the eldest daughter. — I know what I will say so he won't come. Her father was afraid that his daughter would offend the kind troll, and would not let her go.

But the girl nagged and nagged, and in the end she was given permission all the same. In that moonlit night of fall, she went to the mountain and knocked. — I send greetings from my mother and father and ask if you would like to be a godparent for my little brother.

— Yes, I would like that, said the troll, — but can you tell me if many other guest will come? — Just family and neighbors, answered the girl, — and a new musician who has come to the village. — What is his name then? wondered the troll.

— His name is Thunderstorm, answered the girl quickly. — Thunderstorm? said the troll, — he is a dangerous fellow, he is. Last year I heard such a terrible bang, and when I went outside to find out what it was, I heard people say — Thunderstorm.

— And right then he hit me so that I broke my leg and was laid up in bed for a week. No, this fellow I don't dare meet again. Greet your parents and say thanks, but I won't come. The girl ran home, and told them what the troll had said.

But on the day of the christening the girl filled a large basket with good food and drink. She ran with it up to the kind troll. And the troll filled the basket with gold coins. It was a christening gift to the little child.

· · · · ·

— Lat meg få gå og be trollet, sa den eldste dottera. — Eg veit kva eg skal seia slik at det ikkje kjem. Faren var redd at dottera skulle fornærma det snille trollet, og ville ikkje la henne gå.

Men jenta masa og masa, og til slutt fekk ho lov likevel. I den måneklåre haustnatta gjekk ho til fjellet og banka på. — Eg skal helsa frå mor og far og spørja om du vil vera fadder for den vesle bror min.

— Ja, det vil eg, sa trollet, — men kan du seia meg om det kjem mange andre gjester? — Berre slekt og naboar, svara jenta, — og ein ny musikant som har kome til bygda. — Kva heiter han då? undra trollet.

— Han heiter Torever, svara jenta kvikt. — Torever? sa trollet, — det er ein farleg kar. I fjor høyrde eg eit slikt forferdeleg brak, og då eg gjekk ut for å finna ut kva det var, høyrde eg folk seia det var Torever.

— Og akkurat då slo han til meg så eg braut beinet og vart liggjande til sengs ei veke. Nei, den karen tør eg ikkje møta. Hels foreldra dine og sei takk, men eg kjem ikkje. Jenta sprang heim, og fortalde kva trollet hadde sagt.

Men på dåpsdagen fylte jenta ei stor korg med god mat og drikke. Med den sprang ho til det snille trollet. Og trollet fylte korga med gullpengar. Det var dåpsgåve til det vesle barnet.

Norwegian Folk Tales, Fairy Tales and Trolls: 103 Tuss og Troll

Redfox and the Ash-lad

Once upon a time there was a king who had many hundreds of sheep and goats and cows and horses, and silver and gold in big heaps and piles. But even so he was so sorrowful that he almost never wanted to meet people. He had been this way since a troll took his youngest daughter from him.

This troll was always causing chaos and problems at the king's farm. All of a sudden, the troll would let out the horses so they would trample all the fields and meadows. Occasionally he would kill a cow or chase sheep and goats over the hill, and when the people from the castle wanted to fish in the pond, the troll had stolen every single fish.

But then there was an old couple who had three sons. One was called Peter, the second one was Paul and the third one they called Espen the ash-lad as he was always poking about in the ashes. Peter, who was the eldest, asked his father if he would give him permission to travel out in the world, and this permission he was given straight away.

He was given dome drink for his bottle and lunch for his satchel, and so he grabbed his satchel and sauntered off down the hill. After walking for a time, he came upon an old woman lying by the wayside. — Oh, please give me a bite to eat, said she. But Peter just shrugged his shoulders and kept going.

Peter went far and farther than far, until he arrived at the king's farm. There stood the king in the shade feeding his hens. — Good evening, said Peter. — Here chick, chick, chick, chick! said the king as he strew the chicken feed, both to the east and to the west, and he paid no attention to Peter at all.

— Aye, just you stand there scattering grain and talking to the hens and looking like a fool, said Peter to himself. And with that he went into the kitchen at the king's farm and sat down at the table as if he was a nob. — And what sort of vagrant are you then? asked the cook wanting to chase him out.

Rauderev og Oskeladden

Det var ein gong ein konge som hadde mange hundre sauer og geiter og kyr og hestar, og sølv og gull i store haugar og dyngjer. Men endå var han så sorgtung at han mest aldri ville sjå folk. Slik var han sidan den tid eit troll tok yngste dotter hans frå han.

Dette trollet gjorde støtt ustell og ustyr i kongsgarden. Rett som det var, slepte det ut alle hestane så dei trakka ned åker og eng. Stundom drap trollet kyr eller jaga sauer og geiter over åsen, og når slottsfolka skulle ta fisk i dammen, hadde trollet stole kvart beinet.

Men så var det eit par gamle folk som hadde tre søner. Den eine heitte Per, den andre Pål, og den tredje kalla dei Espen Oskeladd, for han låg støtt og kara i oska. Han Per, som var eldst, bad far sin om lov til å reisa ut i verda, og det fekk han med ein gong.

Han fekk drykk på flaska og niste i taska, og så tok han foten på nakken og lakka nedetter bakken. Då han hadde gått ei stund, kom han til ei gammal kjerring som låg ved vegen. — Å, kjære, gje meg ein liten matbete, sa ho. Men Per slengde berre på nakken og gjekk.

Per gjekk langt og lenger enn langt, til han kom fram til kongsgarden. Der stod kongen i svala og gav hønene mat. — God kveld, sa Per. — Tippe, tippe, tippe, tuppe, tuppe! sa kongen og strøydde både i aust og vest, og vørde ikkje han Per det minste grann.

— Ja, stå der du og strøy korn og kakl hønemål til det blir bjørn av deg, sa Per med seg sjølv. Og så gjekk han inn på kjøkenet i kongsgarden og sette seg bortpå benken som ein annan storkar. — Kva er du for ein rekarfant? sa kokka og ville jaga han ut att.

But that Peter, he was not going to let some woman chase him out, this he thought would have been both nasty and humiliating. And so he began thrashing the cook. Just then the king walked in. He told his men to cut three red gashes into Peter's back, and then strew salt in the wounds and let him go home again.

When Peter was back home, Paul wanted to go out in the world. He was given some drink for his bottle and lunch for his satchel, and so he grabbed his satchel and sauntered off down the hill. After walking for a time, he came upon the old woman, who asked for food, but he just kept going and did not even bother to answer.

At the king's farm it went no better with him than it had with Peter. The king said "chick, chick", and the cook called him nothing but a naughty young juvenile. When he was about to thrash her for this, the king came in. And so Paul also was given three red gashes and allowed to go home.

Then the ash-lad stood up from the hearth and began to move about. The first day he shook the ashes off himself, the second day he washed and groomed himself, and the third day he put on his Sunday best. — Well, look at him! said Peter. — He is dressed up like a sore toe. Are you going to the king's farm as well?

But the ash-lad did not take any notice, he just walked in to his father and asked if he also could go out in the world. The brothers did not want him to have any food to take with him, but his mother gave him a crust of cheese and a meat bone to take with him for his lunch. So he put the satchel over his shoulder and trudged off.

There was no rush with the ash-lad. He put one foot in front of the other, took a rest on the hills and took his time looking about. At last, he came to the old woman lying by the wayside. — Oh dear, look at you mother, you must be hungry! he said. That she was, she replied.

• • • • •

Men han Per ville ikkje la seg jaga av eit kvinnfolk, det tykte han var både spott og spe. Og så tok han på å dengja kokka. Men best det var, kom kongen. Han let mennene sine skjera tre raude risper i ryggen på Per, og så strøydde dei salt i og let han gå heim att.

Då Per vel var komen i hus, ville han Pål ut. Å ja, han fekk og drykk på flaska og niste i taska, tok foten på nakken og lakka nedetter bakken. Då han kom eit stykke på vegen, råka han kjerringa som bad om mat, men han strauk framom og svara ikkje eingong.

På kongsgarden gjekk det ikkje det slag betre med han enn det hadde gått han Per. Kongen sa «tippe, tuppe», og kokka kalla han ein uskikkeleg barnsunge. Då han ville banka henne opp for det, kom kongen. Så fekk han Pål og tre raude risper i ryggen og laut gå heim att.

Så kraup Oskeladden opp frå grua og tok til å ruska på seg. Fyrste dagen riste han av seg oska, andre dagen vaska og kjemde han seg, og tredje dagen kledde han seg i kyrkjepynt. — Nei, sjå han! sa Per. — No skin det ei ny sol her. Du vil vel til kongsgarden, du med?

Men Oskeladden høyrde ikkje på det øyra, han gjekk inn til far sin og bad om lov til å gå ut i verda. Brørne ville ikkje at han skulle få matgrannet med seg, men mora gav han ei osteskorpe og eit kjøtbein til niste. Så tok han sekken på ryggen og labba av garde.

Det hasta ikkje med Oskeladden. Han sette den eine foten framføre den andre, pusta på i bakkane og såg seg vel om. Langt om lenge kom han fram til den gamle kjerringa som låg i vegveita. — Stakkars deg, gamle krok, du er vel svolten, du! sa han. Ho var det, sa ho.

In that case I will share with you, said the ash-lad and gave her the crust of cheese. — Are you cold as well? he asked, when he saw her shivering. — You will have to take my old jacket. The arms are a bit bare, as is the back, but it was a good piece of clothing when it was new. The old woman accepted the gifts and thanked him.

— Wait a moment, she said and began to rummage around in the big pocket of her skirt. — Here, you take this old key. I have nothing better or anything worse to give you, but when you look through this hole in the key, you can see anything you want, no matter where it is or how far away it is.

When the ash-lad arrived at the king's farm, the cook was carrying water. — This is too heavy for you, this is, said the ash-lad, — I can do it for you. The one who became very happy was certainly the cook, and afterwards she even let the ash-lad scrape out the porridge bowl and eat what was left in it.

But there were many who begrudged him this treat, and so they went to the king and told tales about him, saying he had said that he was good at anything and everything. The king came and asked him if this was true — that he could guard the fish in the pond, so the troll could not steal them.

They say that you have claimed you could do this, said the king. — I haven't claimed that, replied the ash-lad, — but if I had claimed it, I would be good for it. — Well, whether you did or whether you didn't, you will need to try, if you want to save the skin on your back, said the king. The ash-lad promised to try.

In the evening the ash-lad looked through the hole in the key, and then he could see that the troll was frightened of thyme. He went and picked all the thyme he could find. Some of the thyme he scattered into the water and some he scattered on the land, and the rest he scattered around the pond. So now the troll could not touch the fish.

• • • • •

— Ja, så får eg dela med deg, sa Oskeladden og gav henne osteskorpa. — Frys du og? sa han, han såg ho hakka tenner. — Du får ta gamletrøya mi. Det er ikkje stort til ermar og lite til rygg, men det var eit godt plagg då ho var ny. Kjerringa tok imot og takka.

— Vent no, sa ho og tok til å raka nedi storlomma på stakken sin. — Her har du ein gammal lykel. Eg har korkje betre eller verre å gje deg, men når du kikar gjennom ringen på denne lykelen, kan du sjå alt du vil, same kvar det er og kor langt borte det er.

Då Oskeladden kom fram til kongsgarden, heldt kokka på å bera vatn. — Det er for tungt for deg, dette, sa Oskeladden, — det kan vera høveleg arbeid åt meg, det, sa han. Den som vart glad, var kokka, og sidan let ho alltid Oskeladden få skrapa grautgryta.

Men det var mange som misunnte han den godbiten, og så gjekk dei og laug på han for kongen og sa han hadde sagt seg god for både det eine og det andre. Kongen kom og spurde om det var sant at Oskeladden kunne passa fisken i dammen, så ikkje trollet stal han.

— Dei seier du har sagt deg godt for det, sa kongen. — Ikkje har eg sagt det, sa Oskeladden, — men hadde eg sagt det, så var eg og god for det. — Ja, korleis det no er, så får du nok freista, er så du vil berga ryggskinnet ditt, sa kongen. Oskeladden lova å prøva.

Om kvelden kika Oskeladden gjennom ringen på lykelen, og då såg han at trollet var redd for timian. Han til å ruska opp all den timian han kunne koma over. Noko strøydde han i vatnet og noko på land, og resten rundt dammen. Så måtte trollet la fisken vera i fred.

Well, the sheep had now to pay for this. The troll chased them over all the hills and crags throughout the night. Some of the servants were up and saw this and told the king that the ash-lad had said he had advice about the sheep as well, but only if he could be bothered to. If he has said it, then he better do it, said the king.

There just was no other way out; the ash-lad just had to use the thyme again. But this was not helping, because as soon as he put the thyme on the sheep they would eat it off each other. So finally, he made a paste from thyme and tar and rubbed it over the sheep. This they let alone.

Then one day the king was out hunting on his horse. He missed the path and became lost in the forest. He rode around for many days and had neither food nor drink, and his clothes fared badly in bushes and brambles, so that in the end he had barely a rag left on his body.

Then the troll came and said to the king, that if he would be given the first thing that the king met when he came home again, he would let the king ride back to his farm. Aye, this the troll could have, because the king thought that it would just be his little dog, which always came running out to greet him.

But when he came so close to his farm that they could see him, the eldest princess wanted to go and meet her father. When the king saw that she was the first to come, he became so ill that he immediately fell to the ground, and since that time he would for most act like a half-wit.

In the evening the troll was to come and collect the princess, and she was dressed up and sitting in a meadow near the small pond, crying and howling. There was one who was called Redfox, who was to keep her company, but he was so frightened that he climbed up a pine tree, and there he stayed.

• • • • •

Men no fekk sauene svi for det. Trollet jaga dei over alle haugar og hamrar heile natta. Då var nokre av dei andre tenarane ute att og sa at Oskeladden visste råd for sauene og, om han berre ville. Hadde han sagt det, skulle han gjera det, meinte kongen.

Det var ikkje anna råd, Oskeladden måtte til med timian att. Men det vart det mest ingen ende på, for etter kvart han batt timian på sauene, åt dei det av kvarandre att. Men til sist gjorde han smurning av timian og tjøre og smurde dei inn med, og dei let det vera.

Så hende det ein dag at kongen reid ut på jakt. Då miste han vegen og kom på villstrå i skogen. Han reid omkring i mange dagar og hadde korkje mat eller drikke, og kleda for så ille i kjerr og klunger at til slutt hadde han mest ikkje filla på kroppen lenger.

Då kom trollet og sa at om det fekk det fyrste kongen møtte når han kom heim att, skulle han sleppa attende til kongsgarden. Ja, det skulle trollet få, for kongen tenkte at det vart nok den vesle hunden hans, som støtt pla koma rennande til møtes med han.

Men då han kom så nær kongsgarden at dei kunne sjå han, gjekk eldste kongsdottera ut og ville møta far sin. Då kongen fekk sjå at ho var den fyrste, vart han så ille ved at han stupte i bakken med det same, og sidan den tid var han mest som ein halvtulling.

Om kvelden skulle trollet koma og henta kongsdottera, og ho var pynta og sat på ei eng ute ved tjørna og gret og bar seg ille. Det var ein som heitte Rauderev som skulle følgja henne, men han var så redd at han kleiv opp i ei tømmergran, og der vart han sitjande.

After a while, the ash-lad came and sat himself down on the ground next to the princess. And you can imagine how happy she was when she saw that this was a Christian man, who still dared to be with her. — Put your head in my lap, said she to the ash-lad, and this he did.

While he was laying so, he fell asleep. The princess took a gold ring off her finger and tied it fast to his hair. But it did not take long for the troll to come a-puffing and a-panting. He was so heavy that it creaked and crashed in the forest even when he was a mile and a half away.

When the troll saw Redfox, who was sitting in the treetop like a little black grouse, he spat at him. — Shame on you, said the troll, and both Redfox and the tree fell to the ground, and there he lay floundering like a fish out of water. And so the troll went over to the other two.

— Hu, hu! said the troll to the princess. — Sit you there in company with Christian folk, I will eat you up. — Shame on you! said the ash-lad as he awoke and looked at the troll through the hole in the key. — What are you staring at me for? screeched the troll and lifted the huge iron bar.

The troll threw the iron bar so that it went thirty feet into the rock, but the ash-lad was so swift of foot that he slipped away. — You throw like an old woman! he said. — Give me your toothpick, and you will soon see a throw! Aye, the troll pulled the iron bar out with a single tug.

The ash-lad was staring at the sky, both to the south and to the north. — Hu, hu! What are you staring at? asked the troll. — I am looking to see which star I am going to throw this to, said the ash-lad, — it will have to be the tiny little one straight to the north. — No, you must not throw my iron bar away, said the troll.

• • • • •

Om ei stund kom Oskeladden og sette seg ned på bakken ved sida av kongsdottera. Og du kan vita ho vart glad då ho såg at det var kristenfolk som torde vera hjå henne endå. — Legg hovudet i fanget mitt, du, sa ho til Oskeladden, og han så gjorde.

Medan han låg slik, sovna han. Då tok kongsdottera ein gullring av fingeren sin og knytte fast i håret på han. Men no varte det ikkje lenge før trollet kom pustande og pesande. Det var så tungt at det knaka og braka i skogen alt då det var ein fjerdings veg borte.

Då trollet fekk sjå Rauderev som sat i grantoppen som ein liten orre, spytta det etter han. — Tvi! sa trollet, så både Rauderev og tømmergrana fauk i bakken, og der låg han og sprela som ein fisk på tørre landet. Så gjekk trollet bort til dei to andre.

— Hu, hu! sa trollet til kongsdottera. — Sit du her i lag med kristne folk, så et eg deg. — Tvi! sa Oskeladden, han vakna med det same og tok til å kika på trollet gjennom ringen på lykelen. — Kva glanar du på meg etter? skreik trollet og lyfte den digre jarnstauren.

Trollet kasta jarnstauren så han stod femten alner inn i berget, men Oskeladden var så snar på foten at han kom seg unna. — Tvi for kjerringstykke! sa han. — Hit med tannstikka di, så skal du få sjå kast! Ja, trollet nappa opp stauren med ein einaste rykk.

Oskeladden glodde mot himmelen både i sør og i nord. — Hu, hu! Kva glanar du etter att? sa trollet. — Eg ser etter kva for ei stjerne eg skal kasta til, sa Oskeladden, — det får vera den ørende vesle beint i nord. — Nei, du får ikkje kasta bort stauren min, sa trollet.

— Well, you better have it back then, said the ash-lad. — But maybe you and I can play blind man's bluff? — Aye, that could be a bit of fun, the troll agreed, — but then you are to hide first. — Why not, said the boy, but the best thing is that we count so that we have nothing to quarrel about.

This they agreed on, and as you can guess, the ash-lad made it so that the troll was the first to have the scarf over his eyes and had to go first. But you should have seen them play blind man's bluff! They ran around at the edge of the forest, and the troll ran into stumps and trees so much that it was just awful to see.

— Hu, hu, I'm not playing anymore! screamed the troll, beside himself with rage. — Wait a moment, said the ash-lad, — I will stand still and call out until you catch me. Then he took a flax comb and ran with it to the other side of the small pond. It was so deep that there was just no bottom to it.

— Come on, here I am! yelled the ash-lad. So off went the troll. Splash it went, and there lay the troll in the pond. He flailed about and wanted to come out, but the ash-lad hit him with the flax comb every time his head came above the water. Now the troll began to beg for his life.

The ash-lad said that he would let the troll out again, but first he had to give up the princess and return the other princess he had taken before, and promise that man and beast would be left in peace. Then finally the troll was allowed to crawl out of the pond and skulk back to the mountain.

Now Redfox became brave again. He came down out of the tree, took the princess with him to the palace, and made her say that it was he who had saved her. Then he slunk down and greeted the youngest princess as well, when she had come down from the mountain and the ash-lad had let her into the garden.

· · · · ·

— Ja, så lyt du vel få han att då, sa Oskeladden. — Men kan ikkje du og eg leika blindebukk? — Jau, det kunne vera snodig nok, meinte trollet, — men då skal du gå fyrst. — Gjerne det, sa guten, — men det greiaste er at vi tel, så slepp vi ha noko å trettast om.

Dei vart samde om det, og då kan du vita at Oskeladden laga det slik at trollet fekk bandet om augo og kom til å gjera den fyrste reisa. Men der skulle du sett blindebukk! Dei for omkring i skogkanten, og trollet rende i stubbar og trelegger så det berre knaka.

— Hau, hau, det skulle troll vera blindebukk lenger! skreik trollet, så illsint var det. — Vent litt, sa Oskeladden, — så skal eg stå still og ropa til du tek meg. Så tok han ei hampehekle og sprang bort på den andre sida av tjørna. Ho var så djup at det ikkje fanst botn.

— Kom no, her står eg! skreik Oskeladden. Så bar det i veg att. Plump! sa det, og der låg trollet i tjørna. Det kava og ville koma opp, men Oskeladden drog til det med hekla kvar gong det fekk hovudet over vatnet. Då tok trollet til å be fint for livet sitt.

Oskeladden sa at trollet skulle få sleppa opp att, men fyrst måtte det seia frå seg kongsdotter og skaffa fram den andre, som det hadde teke før, og lova at folk og fe skulle få vera i fred. Då endeleg fekk trollet krabba opp or tjørna og kreka heim att til berget.

Då var Rauderev kar att. Han kom ned or grana, tok kongsdottera med seg til slottet, og truga henne til å seia at det var han som hadde frelst henne. Så luska han ned og tok imot den andre med, då ho var komen or berget og Oskeladden hadde slept henne inn i hagen.

Now there was so much joy at the king's farm that it was asked in all lands and kingdoms if Redfox was to marry the youngest princess. Aye, that was all well and good, but everything was not well — because suddenly, there was no more water in the wells on the king's farm.

The troll had closed off all the incoming water. — If I cannot do other mischief, he was thinking, — then at least they will not have water to cook the wedding porridge with. So they had to send for the ash-lad again. He had six blacksmiths make a long iron bar which they heated until it was red with heat.

Then the ash-lad drove the bar through the ground and along the back of the troll so that it smelled of burnt backbone for miles around. — Hu, hu! screamed the troll. — Let me up. With that he came rushing through the hole so that soil and stones scattered and spewed everywhere.

The ash-lad was not slow, he took the troll and laid him on a pole that was entwined with thyme, and so could not move. Now the king and both his daughters came and wanted to see the troll, and Redfox was holding company with them. He was walking so delighted and proud with his nose in the air.

But now the king saw that something was hanging from the ash-lad's hair. — What do you have there? he asked.— Oh, that is the ring your daughter gave me when I saved her from the troll, said the ash-lad. And so the truth of what had happened came out.

Redfox, he cried and he begged, but that did not help, he had to go into the worm farm. So they got rid of the troll, and began to feast and dance at the wedding of the ash-lad, because now *he* was the boss. He was given both the youngest princess and half the kingdom as well.

• • • • •

No vart det slik glede i kongsgarden at det spurdest over alle land og rike, og Rauderev skulle ha bryllaup med yngste kongsdottera. Å ja, det var godt og vel, men det var ikkje så vel endå — for best det var, så fanst det ikkje meire vatn i brunnane på kongsgarden.

Trollet hadde tetta att alle vassårar. — Kan eg ikkje gjera anna ugagn, tenkte det, — så skal dei ikkje få vatn til å koka bryllaupsgrauten i. Så måtte dei senda bod etter Oskeladden att. Han let seks smedar laga ei lang jarnstong som dei heta til ho var gloande raud.

Så køyrde Oskeladden stonga ned gjennom bakken og nedetter ryggen på trollet, så det lukta brent horn milevis omkring. — Hau, hau! skreik trollet. — Slepp meg opp! Dermed kom det setjande opp gjennom holet så mold og grus spruta og skvatt til alle kantar.

Oskeladden var ikkje sein, han tok trollet og la det på ei stong som var fletta med timian, og då kom det ikkje av flekken. No kom kongen og båe kongsdøtrene og ville sjå trollet, og Rauderev var med dei. Han gjekk der så krepp og kry at rova stod høgare enn nakken.

Men no fekk kongen sjå at det var noko som blenkte i håret på Oskeladden. — Kva har du der? sa han. — Å, det er den ringen som dotter di gav meg då eg frelste henne frå trollet, sa Oskeladden. Og dermed kom det for dagen korleis alt hadde gått til.

Rauderev gret og bad for seg, men det hjelpte ikkje, han måtte i ormegarden. Så tynte dei trollet, og så tok dei til å dundra og dansa i bryllaupet til Oskeladden, for no var *han* basen. Han fekk både den yngste kongsdottera og halve riket.

Widow Fox

Once upon a time there was a fox and his wife who lived deep in the forest. They lived as delightfully together as couples can. But then one day the fox was in the farmer's henhouse. He ate lock, stock and barrel — everything. But it was too much for him, so he became sick and died.

All the crying and grieving that mother fox did, was of no help at all. And when the funeral was well and truly over, suitors began visiting the widow. On Saturday evening, there were three knocks on the door of the fox house. — You go outside Kate, and see what it is, said the widow; she had a cat called Kate as a servant girl.

When the girl servant went outside there was a bear standing on the steps. — Good evening, said he. — And good evening to you, said Kate. — Is Widow Fox at home this evening? asked the bear. — She is inside, the girl servant answered. What is she doing this evening — is she ill or is she well? asked the bear, speaking in a very polite manner.

— She is grieving over her husband's death, and weeping so that her nose is sore and red, said the cat. — She just does not know what to do with herself. — Ask her to come outside then and I will give her some good advice, said the bear. When the cat went inside, the mistress of the house asked: — Who is it that is shuffling around and banging on my door, so there is no rest to be had?

It is your suitor, answered the cat. — I am to ask you to go outside and he will give you some good advice. What color is his coat? asked Mrs. Fox. — Beautiful, a lovely brown, said the girl, — big fellow and he has keen eyesight. — Let him go, let him go, I don't need his advice, said Widow Fox.

Kate went and opened the door a crack and said: — She bids you to go home, she does not want any advice. — Well, there was nothing else for the bear to do, but turn around and be on his way home again. Sadly, he wandered back through the forest to his lair, and if he is not married by now, then he is still a bachelor.

Reve-Enkja

Det var ein gong ein rev og ei revefrue som budde langt inne i skogen. Dei levde så godt i hop som parfolk kan gjera. Men så ein dag hadde reven vore i hønsehuset til bonden. Der åt han rubb og stubb, og det vart vel mykje for han. Så vart han sjuk og døydde.

Alt det revemor sørgde og gret, hjelpte det ikkje, Men då gravølet vel var over, tok det til å koma friarar til enkja. Om laurdagskvelden banka det tre slag på døra i revehuset. — Gå ut, du Korse, og sjå kva det er, sa enkja, ho hadde ei kjette som heitte Korse til tenestjente.

Då jenta kom ut, stod det ein bjørn på trappa. — God kveld, helsa han. — God kveld att, sa Korse. — Er reveenkja heime i kveld? spurde bjørnen. — Ho sit inne, svara jenta. — Kva tek ho seg til i kveld — let ho ille eller vel? spurde bjørnen og gjorde seg fin i målet.

— Ho sørgjer over husbond daud, og græt sin nase sår og raud, sa kjetta. — Ho veit nok ikkje si arme råd, ho. — Be henne ut å gå, så skal ho få eit godt råd, sa bjørnen. Då kjetta kom inn, spurde matmora: — Kven er det som tassar og bankar på, så eg ikkje kan kveldsro få?

— Det er friarane dine, svara kjetta. — Eg skulle be deg ut å gå, så skulle du få eit godt råd. — Kva let har kufta? spurde revefrua. — Ven, vakker brun, sa jenta, — svær kar og kvast syn, sa ho. — Lat han gå, lat han gå, eg treng ikkje hans råd, sa reve-enkja.

Korse gjekk bort og gløtte på døra og sa: — Ho bed deg heim att gå, ho vil ikkje ha noko råd. Ja, så var det ikkje anna føre, bamsen måtte snu og fara sin veg, han. Sid i ragget rusla han bort gjennom skogen og heim att til hiet, og er han ikkje gift, så er han ungkar enno.

The following Saturday evening there was knocking on the door once more. Now a wolf was standing outside. — Good evening, said he, is Widow Fox at home? — Aye, that she is, said the girl servant. — She is weeping so her nose is both sore and red, and is grieving over her husband's death. — Bid her to come out and I will give her some good advice, said the wolf.

— Who is it that is banging on my door so there is no rest to be had? asked Widow Fox. Oh, I know it is a suitor, said the cat who was the servant. — I was to ask you to go outside, and you would be given some good advice, she said. — This was all well and good, but first the widow wanted to know the color of his coat.

— Beautiful, a lovely grey, he is long in limb and slim, answered Kate. — Let him go, let him go, I don't need his advice! said the widow. When the grey one was given the message he also had to do a return journey home, and he sauntered through the forest with his tail between his legs. This was all he got for his trouble. Nothing!

On the third Saturday evening, it went the same. There were three bangs on the door, and the cat went out to see who it was. It was a hare. — Good evening, said he and doffed his hat. — And good evening to you, Kate answered. — Is it strangers who are out traveling this late in the evening? she asked.

Indeed it was, and he asked if the widow of the dead fox was at home. — What is she doing this evening, is she ill or is she well? he wondered. — She is weeping so that her nose is sore and red, and grieves over her husband's death, answered the girl servant. Bid her to come outside and I will give her some good advice, said the hare.

— Who is it that is shifting from one foot to the other and banging on my door so that there is no rest to be had? said mother Fox. — It must be a suitor, answered the girl servant. — What color is his coat then? asked the widow. — Beautiful, a lovely white, a heavy frieze and not worn at all, said the cat. This was no better, so the hare hopped off on his way as well.

· · · · ·

Neste laurdagskvelden banka det på døra att. No stod det ein ulv utanfor. — God kveld, sa han, — er reve-enkja heime? — Jau, ho er då det, sa jenta. — Ho gret sin nase sår og raud, og sørgjer over husbond daud. — Be henne ut å gå, så skal ho få eit godt råd, sa gråbeinen.

— Kven er det som flyg og bankar på, så eg ikkje kan kveldsro få? spurde reve-enkja. — Å, det er friarar, veit eg, sa kjetta. — Eg skulle be deg ut å gå, så skulle du få eit godt råd, sa ho. Ja, det var vel, men fyrst ville revefrua vita kva slag let det var på kufta.

— Ven, vakker grå, lang kropp og lite på, svara Korse. — Lat han gå, lat han gå, eg treng ikkje hans råd! sa enkja. Då gråtassen fekk det bodet, måtte han gjera vendereis, han med, og tusla inn i skogen att med rova mellom føtene. Det hadde han att for ferda.

Tredje laurdagskvelden gjekk det like eins. Det banka tre slag på døra, og kjetta reiste ut og skulle sjå etter. Så var det ein hare. — God kveld, sa han og letta på hatten. — God kveld att, svara Korse. — Er det framandfolk ute og fer så seint på kvelden? spurde ho.

Ja, det var då det, og så spurde han og om reve-enkja var heime. — Kva gjer ho i kveld, let ho ille eller vel? undrast han. — Ho græt sin nase sår og raud, og sørgjer over husbond daud, svara jenta. — Å, be henne ut å gå, så skal ho få eit godt råd, sa haren.

— Kven er det som trippar og bankar på, så eg ikkje kan kveldsro få? sa revemora. — Det er nok friarar det, mor! svara jenta. — Kva let har kufta? sa enkja, — Ven, vakker kvit, tett vadmål og utan slit, sa kjetta. Det vart ikkje betre, *det*, og så laut haren med gå sin veg.

And then along came the fourth Saturday evening. You guessed it! There were three knocks on the door of the fox's house. — You go out and see what is going on, said the widow to the servant girl. When the cat went out, there stood a fox on the doorstep. — Good evening, thanks for the last time we met, said the fox and bowed.

Thank you and the same to you, answered the girl servant. — Is Mrs. Fox at home? he queried. Aye, that she is. — What is she doing this evening, is she ill or is she well? the fox asked. — She grieves over her husband's death and weeps so that her nose is sore and red, said the girl servant, the poor dear is at her wits end, — she is!

— Just ask her to come outside, and she will be given good advice, said the fox. So Kate went back inside. — Who is it that is scampering about and banging on my door so there is no rest to be had? asked the mistress of the house. — Well, said the cat who was the servant, — it is your suitor it is. I am to ask you to go outside and you will receive some good advice.

— What color is his coat? asked Widow Fox. Beautiful, a lovely red, just the same as the one who is dead, answered the cat. The widow smiled like the sun. — Dear me, well ask him in, *he* has good advice! said she. But then she came to think about dressing herself up for this fine suitor.

— Give me my socks so small, so with him I can stroll; give me my shoes to lace, as with him I would go any place, said Widow Fox. She dressed in front of her mirror and made herself as beautiful as possible, and finally the suitor was allowed to come inside.

Aye, *him* she wanted, and so there were invitations to make and suddenly there was a wedding at Widow Fox's house. All the foxes in the forest were guests, they flickered and scurried and they hopped and danced. And if the bridegroom has not been to the henhouse, then he and Widow Fox are still living in their house this day today.

· · · · ·

Så var det den fjerde laurdagskvelden. Best det var, kom det tre slag i døra til revehuset att. — Gå ut og sjå kva som er på ferde, du, sa enkja til tenestjenta. Då kjetta kom ut, stod det ein rev på dørhella. — God kveld og takk for sist, sa reven og bukka.

— Sjølv takk for sist, svara jenta. — Er revefrua heime? spurde han. Jau, ho var då det. — Kva tek ho seg til i kveld, let ho ille eller vel? spurde reven. — Ho sørgjer over husbond daud, og græt sin nase sår og raud, sa jenta, — ho veit ikkje si arme råd, ho, stakkar!

— Berre be henne ut å gå, så skal ho få gode råd, sa reven. Så gjekk Korse inn. — Kven er det som svinsar og bankar på, så eg ikkje kan kveldsfred få? spurde matmora. — Å, sa kjetta, — det er friarane dine, det. Eg skulle be deg ut å gå, så skulle du få gode råd.

— Kva let har kufta? spurde reve-enkja. — Ven, vakker raud — nett som på han som er daud, svara kjetta. Då vart enkja blid som ei sol. — Kjære, be han inn å sjå, *han* har gode råd! sa ho. Men så kom ho til å tenkja på at ho måtte pynta seg for den gjæve friaren.

— Send meg hit mine sokkar små, eg vil gjerne med han gå, send meg hit mine skor til å knappa, eg vil gjerne med han lakka, sa reve-enkja. Ho pynta seg framfor spegelen sin og gjorde seg så lekker ho kunne, og så fekk endeleg friaren koma inn.

Han ville ho ha, og så vart det bede til lag og bryllaup hjå reve-enkja med det same. Alle revane i skogen var gjester, dei svinsa og svansa og hoppa og dansa. Og har ikkje brudgomen vore i hønsegarden, han og, så lever han og reve-enkja i huset sitt den dag i dag.

Peter, Paul and Espen the Ash-lad

Once upon a time there was a man who had three sons, Peter, Paul and Espen the ash-lad. Espen was called this as he was always poking about in the ashes. But other than these three sons, the man had nothing. He was so poor that he did not even own a nail in the wall. Therefore, he told his sons over and over again that they must go out in the world and find work.

Some distance from their house was the palace of a king. Just outside the windows of the king's palace there had grown an oak tree that was so massive and huge that it shut out the light in his parlors. The king had promised heaps and heaps of money to the one who could chop down this oak tree.

But no one was able to. Many had tried, but as soon as they hacked off a piece of wood from the trunk, two new pieces would grow in its place. The oak tree just became thicker and thicker around its girth from each cut and the king just became angrier and angrier. So the oak tree was left standing there at the king's palace, just as before.

The king also wanted a well dug that could hold water for the whole year round. To the one who could dig such a well he promised heaps and heaps of money. But no one was able to, because the palace was high on a hill, and when one had dug some inches down, one struck hard rock.

But the king had decided that this he wanted. Therefore, he had it announced at all the church yards that the one who could chop down the massive oak tree at the palace and make a well that would hold water throughout the whole year — he would receive the king's daughter and half the kingdom.

As you can imagine there were plenty who wanted to try. But no matter how much they chopped and they hacked, and burrowed and dug, it made no difference at all. The oak tree just became bigger and bigger from each cut, and the rock bed did not become any softer, so no well was able to be dug either.

Per, Pål og Espen Oskeladd

Det var ein gong ein mann som hadde tre søner, Per, Pål, og Espen Oskeladd. Men anna enn dei tre sønene hadde han ikkje heller, for han var så fattig at han åtte ikkje nåla i veggen. Difor sa han tidt og ofte til sønene at dei fekk ut i verda og ta seg tenest.

Eit godt stykke frå stova hans låg kongsgarden. Beint utanfor vindauga til kongen hadde det vakse opp ei eik som var så stor og diger at ho skygde for ljoset i stovene hans. Kongen hadde lova ut mange, mange pengar til den som kunne hogge ned eika.

Men det var ingen god til. Mange hadde freista, men så snart dei knerta ei flis av eikestomnen, voks det to nye i staden. Eika vart berre tjukkare og tjukkare for kvart hogg, og kongen meir og meir arg. Så vart eika ståande der i kongsgarden som før.

Kongen ville og ha grave ein brunn som kunne halda vatn heile året. Til den som kunne grava ein slik brunn, hadde han lova ut mange pengar. Men ingen greidde det, for kongsgarden låg høgt oppe på ein bakke, og når ein hadde grave nokre tommar, kom ein til harde fjellet.

Men kongen hadde sett seg i hovudet at dette ville han ha gjort. Difor let han lysa ut på alle kyrkjebakkar at den som kunne hogga ned den store eika i kongsgarden og skaffa han ein brunn som heldt vatn året rundt, han skulle få kongsdottera og halve riket.

Det var nok av dei som ville prøva seg, kan du vita. Men alt det dei knerta og hogg, og alt det dei rota og grov, så hjelpte det ikkje. Eika vart digrare og digrare for kvart hogg, og berget vart ikkje mjukare, det heller, så nokon brunn vart det ikkje.

After a while the three brothers wanted to also try. And this, their father was happy with, because even if they did not win the princess and half the kingdom, it may just happen that they would find work at one place or another. So off went Peter, Paul and Espen the ash-lad.

After they had gone some way, they arrived at a fir-tree forest. Up on the side of the mountain, they heard something that chopped and chopped. — I wonder what that can be that is chopping up there, said Espen. — This must really be something to worry oneself over, to see who it is that is cutting firewood! said Peter and Paul. — Then again, you are the one who is ever so clever!

— I could probably have some fun in seeing who it is, couldn't I, said Espen the ash-lad; and with that he went off up into the hills to where he had heard the chopping. When he arrived, he saw it was an axe that was there chopping and chopping on a fir tree. — Good day, said he to the axe.

— Are you chopping here all by yourself? — Aye, I have been here for a long, long time waiting for you, answered the axe. — Well here I am then, said Espen, and with that he took the axe and knocked the head off its shaft and put both the axe head and shaft into his backpack. Then he just wandered back down to the road once more.

When he was back down with his brothers again, they began to laugh and make fun of him. — So what was it that you saw that was so interesting up in the hills? they asked. — Oh it was only an axe, answered Espen. When they had gone a while further, they came to a cliff close by the road.

Up in the cliff they could hear something that was hacking and digging. — I wonder what it is that is hacking and digging up there in the cliffs — I do, said Espen. — You, who is so clever, you are wondering who is hacking and digging, said Peter and Paul. — Have you never heard the birds pecking and picking in the trees before?

• • • • •

Om ei stund ville dei tre brørne av stad og prøva seg, dei og. Og det var faren vel nøgd med, for endå om dei ikkje vann kongsdottera og halve riket, kunne det då henda at dei fekk seg tenest ein eller annan stad. Og så la Per og Pål og Espen Oskeladd av garde.

Då dei hadde gått eit stykke, kom dei til ei granli. Oppe i lia høyrde dei noko som hogg og hogg. — Eg undrast på kva det er som høgg oppe i lia, eg, sa Espen. — Det er då og noko å undra seg over at einkvan høgg ved! sa Per og Pål. — Men du er no støtt så klok, du!

— Eg kunne no ha moro av å sjå kva det er likevel, eg, sa Espen Oskeladd, og dermed gjekk han. Han la av stad oppetter bakkane dit han høyrde det hogg. Då han kom fram, såg han det var ei øks som stod og hogg og hogg på ein furulegg. — God dag! helsa han.

— Står du her åleine og høgg? — Ja, no har eg stått her i mange, lange tider og venta på deg, svara øksa. — Ja, ja, her er eg, sa Espen, og så tok han øksa og slo henne av skaftet og stakk både øks og skaft i skreppa. Så rusla han ned til vegen att.

Då han nådde att brørne sine, gav dei seg til å le og gjera narr av han. — Kva var det for noko rart du fekk sjå oppi heia? spurde dei. — Å, det var berre ei øks, svara Espen. Då dei hadde gått ei stund att, kom dei under ein berghamar tett attmed vegen.

Oppe i hamaren høyrde dei noko som hakka og grov. — Eg undrast på kva det er som hakkar og grev oppe i denne berghamaren, eg, sa Espen. — Du er nok så klok til å undra deg, du, sa han Per og han Pål. — Har du aldri høyrt fuglane hakka og pikka i trea før?

— Aye, but I could still have some fun to see what it is, I could you know, said Espen. Off he went towards the cliff face, and when he arrived there he saw that it was a hoe that was hacking and digging. — Good day! said Espen. — Are you here all alone hacking and digging?

— Aye, that I am, said the hoe. — I have been here hacking and digging for a long, long time waiting for you. — Well, here I am then, said Espen the ash-lad. He took the hoe and knocked it off its shaft and put them both in his backpack, and so he went back down to his brothers again.

— It must have been something really important that you saw up there on the cliff face, said Peter and Paul. — Nah, it was nothing of importance. It was only a hoe that we heard, said Espen. So they went a good bit further along until they arrived at a stream. There they kneeled down to drink.

— I really wonder where this water is coming from, said Espen. — If you are not already crazy you will wonder yourself crazy very soon, said the brothers. — Have you never seen water running out of a spring from the ground then? — Aye, but I still would like to see where it comes from, I most certainly do, said Espen.

He walked up alongside the stream, and far into the forest he saw a huge walnut from which the water was trickling out of. — Good day! said Espen. Are you here all alone just trickling and running? Aye, said the walnut, here I have been running and flowing for a long, long time just waiting for you.

— Well, here I am then, said Espen. He took a wad of moss and stuck it into the walnut's hole so that the water could not leak out, and then he put the walnut in his backpack and wandered back down to his brothers again. — Well, you must have seen where the water comes from now? It must have really looked strange, I would think, said his brothers, teasing him.

● ● ● ● ●

— Jau, men eg kunne ha moro av å sjå kva det er likevel, eg, sa Espen. Han la av stad opp imot berghamaren, og då han kom dit opp, såg han at det var eit grev som stod der og hakka og grov. — God dag! sa Espen. — Står du her og hakkar og grev heilt ålene?

— Ja, eg gjer det, sa grevet. — No har eg stått her og hakka og grave i mange, lange tider og venta på deg, sa det. — Ja, ja, her er eg, sa Espen Oskeladd. Han tok grevet og slo det av skaftet og stakk det i skreppa, og så gjekk han ned til brørne sine att.

— Det var vel noko fælt rart du såg der oppe under berghamaren? sa han Per og han Pål. — Å, det var ikkje noko vidare. Det var berre eit grev vi høyrde, sa Espen. Så gjekk dei eit godt stykke att, til dei kom til ein bekk. Der la dei seg ned og ville drikka.

— Eg undrast retteleg på kvar dette vatnet kjem frå, sa Espen. — Er du ikkje tullut, så undrar du deg visst galen med det aller fyrste, sa brørne. — Har du aldri sett vatn renna or ei oppkome i bakken, då? — Jau, men eg vil no sjå kvar det kjem frå likevel, sa Espen.

Han gjekk oppetter langs bekken, og langt oppe i skogen fekk han sjå ei stor valnøtt som vatnet kom sildrande ut or. — God dag! sa Espen. — Ligg du her åleine og sildrar og renn? — Ja, sa valnøtta. — Her har eg lege og sildra og runne i mange, lange tider og venta på deg.

— Ja ja, her eg, sa Espen. Han tok ein mosedott og dytta i holet så vatnet ikkje kunne koma ut, og så la han valnøtta i skreppa og rusla ned til brørne sine att. — No har vel du sett kvar vatnet kjem frå? Det såg vel fælt rart ut, kan eg tenkja, erta dei han.

When they had walked a little further, they arrived at the king's palace. By now there had been so many who had tried to chop down the oak tree that its girth and height had doubled in size. Therefore, the king had made a penalty for all who tried; those who could not do it, would be earmarked like a sheep.

But the two brothers did not let this scare them. As far as they were concerned, they would get this oak tree down. Peter who was the eldest wanted to try first. But it went with him as it had gone with all the others. For every piece he chopped out, it was replaced by two new ones. So, he was earmarked, and put away on an island.

Then Paul wanted his turn, but it went the same way with him. When he had taken two or three whacks, they saw that the tree had grown, and the king's men took and earmarked him and put him also on the island. — Then Espen the ash-lad wanted his turn. — Well, if you want to look like an earmarked sheep then just you go ahead, said the king.

Espen took the axe head out of his backpack and put it back on its shaft. — Start chopping, he said, and the axe started chopping so that the wood chips just flew, and then it did not take long before the oak tree came crashing to the ground with a big thump. When that was done, Espen took out his hoe and put it on its shaft.

— Start digging! said Espen. And the hoe began hacking and digging so that the earth and the stones just flew everywhere, and as you can imagine, there was a well dug in no time at all. When the well was deep enough, Espen put the walnut on the bottom and took out the wad of moss. — Trickle and flow! he said, and the water gushed out and filled the well in no time at all.

Well, Espen the ash-lad had cut down the oak tree that had shut out the light from the king's windows and he also dug a well for the king, so in return he received the princess and half the kingdom, as the king had promised. They had a wedding that could be heard of both far and wide. So, snip, snap, snout — this story has come to an end.

· · · · ·

Då dei hadde gått eit stykke att, kom dei til kongsgarden. No var det så mange som hadde prøvt å hogga ned eika at ho var vorten dobbelt så stor og tjukk som før. Difor hadde kongen sett den straffa at alle som prøvde, men ikkje greidde det, skulle merkjast i øyro.

Men dei to brørne let seg ikkje skremma. Dei meinte nok at dei skulle få ned eika. Han Per, som var eldst, skulle prøva seg fyrst. Men det gjekk med han som med alle andre. For kvar flis han hogg ut, kom det to nye i staden. Så vart han øyremerkt, og sett ut på ei øy.

Så ville han Pål til, men det gjekk like eins med han. Då han hadde teke to-tre hogg, så dei fekk sjå at eika voks, tok mennene til kongen og merkte han i øyro og sette han med ut på øya. Så ville Espen Oskeladd til. — Ja, vil du endeleg sjå ut som ein merkt sau, så sa kongen.

Espen tok øksa opp or skreppa og sette henne på skaftet att. — Hogg sjølv, sa han, og øksa til å hogga så flisene fauk, og då var det ikkje lenge før eika måtte i bakken så det både druste og dunde. Då det var gjort, tok Espen fram grevet sitt og sette det og på skaftet.

— Grav sjølv! sa Espen. Og grevet til å hakka og grava så jord og stein spruta, og då vart det brunn i ein fart, kan du tru. Då bunnen var djup nok, la Espen valnøtta på botnen og tok ut mosedotten. — Sildra og renn! sa han, og vatnet fossa ut og fylte brunnen på ei lita stund.

Så hadde Espen Oskeladd hogge ned eika som skygde for vindaugo til kongen, og skaffa kongen brunn, og så fekk han kongsdottera og halve riket, som kongen hadde lova. Dei heldt eit bryllaup som spurdest både vidt og breitt. Og snipp, snapp, snute, så var det eventyret ute.

The mill that is still grinding on the bottom of the sea

Once upon a time, in the good old days, there were two brothers. One was rich and the other was poor. When Christmas Eve came, the poor one did not even have as much as a crust of bread in the larder, and so he went to ask his brother, in the name of God, for some food. It was not the first time this had happened.

But his brother was always so stern, and he was not happy this time either. — If you do what I ask you, I will give you a whole ham shank, he said. This, the poor soul promised and he even thanked him. — Here it is! Go straight to Hekken Mountain! said the rich one and threw the ham shank towards him.

— Aye, what I have promised I shall do, said the other. He took the ham shank and off he went. He walked and he walked all day long, and when it was dusk, he came to a place that was brightly lit. — This is probably it, thought the man with the ham shank. Out in the wood shed there stood an old fellow.

He had a long white beard, and stood there cutting firewood for Christmas. — Good evening said the one with the ham shank. — Good evening to you as well! Where are you going this late? said the old one. — Well, I am off to Hekken Mountain, if I am on the correct road, said the poor one. — Aye, then it is probably here that you want to be, said the other.

When you go inside, all the trolls will want to buy your ham shank, because pork is a seldom seen food here. But you are not to sell it without getting the hand mill that stands behind the door. When you come back outside, I will teach you how to operate the mill. It is useful for doing both a bit of this and a bit of that.

Aye, the one with the ham shank thanked him for his good advice and knocked on the door to the trolls. When he walked in, it went just as the old man had foretold. All the trolls, big and small, surrounded him like ants would a worm on the ground, and the one bid over the other for the ham shank he had with him, just like in an auction.

Kverna som står og mel på havsens botn

Ein gong i gode gamle dagar var det to brør. Den eine var rik, og den andre var fattig. Då julekvelden kom, hadde den fattige ikkje matsmula i huset, og så gjekk han til bror sin og bad om litt til jul i Guds namn. Det var ikkje fyrste gongen det hadde hendt.

Men bror hans var alltid så nøye på det, og vart ikkje vidare glad no heller. — Vil du gjera det eg bed deg, skal du få ei heil fleskeskinke, sa han. Det lova stakkaren og takka til. — Der har du henne! Drag så beint til Hekkenfjell! sa den rike og kasta skinka bort til han.

— Ja, det eg har lova lyt eg halda, sa den andre. Han tok skinka og la av stad. Han gjekk og han gjekk heile dagen, og i mørkninga kom han ein stad der det lyste så gildt. — Her skal du sjå det er, tenkte mannen med skinka. Ute i vedskjolet stod ein gammal mann.

Han hadde langt, kvitt skjegg og stod der og hogg juleved. — God kveld, sa han med fleskeskinka. — God kveld att! Kvar skal du så seint? sa kallen. — Eg skal nok til Hekkenfjell, dersom eg er på rett veg, svara fattigmannen. — Jau, det er nok her, sa den andre.

— Når du kjem inn, vil alle trolla kjøpe fleskeskinka di, for flesk er sjeldsynt kost her. Men du skal ikkje selja henne utan du får den handkverna som står bak døra for henne. Når du så kjem ut att, skal eg læra deg å stilla kverna. Ho er nyttig til noko av kvart.

Ja, han med skinka takka for god rettleiing og banka på hjå trolla. Då han kom inn, gjekk det som den gamle mannen hadde sagt. Alle trolla, både store og små, kringsette han som maur ein makk, og den eine baud over den andre på fleskeskinka han hadde med seg.

The wife and I really want it for our Christmas Eve dinner, but since you are so intent on having it, I guess you can have it, said the man. But if I am going to sell it, I want that hand mill that is behind the door there. This, the trolls just did not want to do.

They dickered and they haggled, but the man stood firm, and finally they gave in. When the man came out into the yard, he asked the old woodchopper how he should operate the mill, and when he had learned how, he said thank you and off he went as fast as he could.

Even so, he did not reach home before the clock struck midnight on Christmas Eve. — But where in the world have you been then? asked his wife. — Here I have been sitting hour upon hour, and I do not have so much as two sticks to rub together to cook the Christmas porridge over.

— Well, I just could not come any earlier. I had a bit of this and a bit of that to do, and a long way I had to walk as well. But now you shall see, said the man, as he put the mill on the table and asked the mill to first make candles, then a tablecloth, then food and drinks and anything else that was good for a Christmas Eve feast.

And the mill made everything that he had said. The old woman crossed herself time after time, and wanted to know where the mill had come from. But this he would not tell her. — Surely, it does not matter where I have got it from? You can see that the mill is good and that the mill head does not lock up, he said.

So he milled food and drink and all things good for the whole of Christmas, and on the third day he invited all his friends, as he wanted to hold a banquet. When his rich brother saw what was included in the banquet, he became angry and enraged, because he was so envious of his brother.

• • • • •

— Eg og kjerringa skulle fulla hatt henne til julekveldsmat, men sidan de er så oppsette på det, lyt de vel få henne, sa mannen. — Men skal eg selja henne, vil eg ha den handkverna som står attom døra der borte. Den ville trolla naudleg vera av med.

Dei tinga og pruta, men mannen stod på sitt, og så laut dei ut med henne. Då mannen kom ut i tunet, spurde han den gamle vedhoggaren korleis han skulle stilla kverna, og då han hadde lært det, sa han takk for seg og la i vegen det snøggaste han vann.

Likevel rakk han ikkje heim før klokka slo tolv julenatta. — Men kvar i all verda vart det av deg då? sa kjerringa. — Her har eg sete og venta time etter time, og har ikkje så mykje som to pinnar å leggja i kross under julegraut-gryta.

— Å, eg kunne ikkje koma før. Eg hadde noko av kvart å gå etter, og lang veg hadde eg og. Men no skal du sjå, sa mannen, han sette kverna på bordet og bad henne fyrst mala ljos, så duk, så mat og drikke og alt som godt var til julekveldskost.

Og kverna mol etter som han sa føre. Kjerringa korsa seg den eine gongen etter den andre, og ville vita kvar mannen hadde fått kverna frå. Men det ville ikkje han ut med. — Det får vera det same kvar eg har fått henne. Du ser kverna er god og kvernvatnet frys ikkje, sa han.

Så mol han mat og drikke og alle gode ting til heile jula, og tredjedagen bad han til seg alle venene sine, for då ville han ha gjestebod. Då den rike broren såg alt det som var i gjestebodsgarden, vart han både harm og vill, for han kunne ikkje unna bror sin noko.

— On Christmas Eve he was so needy that he came to me and asked for food in the name of God, and now he lays a table as if he was a baron or the king himself, he said. — So where did you get all your riches from, huh? he asked his brother. — Behind the door, said he that owned the mill.

But when it neared evening he could hold himself no longer, he had to show his mill to his guests. — There you see the one that has helped me to all my riches! he said, and let the mill make both this and that. When his brother saw this, he wanted the mill more than anything else in the world.

After a lot of haggling, it was agreed on that he could buy the mill. But, three hundred dollars he would need to hand over, and he would keep it himself until harvest time. — If I can keep the mill until harvest time, the mill can make me enough food for years and years before I let my brother have it, he was thinking.

As you can understand, the mill certainly did not just sit there and get rusty. It went both day and night. But when harvest time was there, his brother was given the mill, as they had agreed upon. The other did the right thing and taught his rich brother how to operate the mill when he gave it to him.

It was evening by the time the rich one got the mill home, and in the morning he asked his wife to go out in the field and talk with the field hands. He was going to make the food for the morning break himself today, he said, and he did not want anyone getting in his way in the kitchen.

When it was nearing morning break time, he put the mill on the kitchen table. — Make herrings and gruel, and do so both quickly and correctly, said the man. And the mill made both herrings and gruel, first filling all the plates and then the bowls, and then all over the tables and chairs and even the kitchen floor was full.

• • • • •

— Om julekvelden var han så naudig at han kom til meg og bad om litt i Guds namn, og no gjer han eit lag som han skulle vera både greve og konge, sa han. — Kvar har du fått all rikdomen din frå, du? spurde han broren. — Bak døra, sa han som åtte kverna.

Men då det leid utpå kvelden, greidde han ikkje anna, han måtte syne fram kverna til gjestene. — Der ser de den som har hjelpt meg til all rikdomen! sa han, og så let han kverna male både det eine og det andre. Då broren såg det, ville han på harde livet ha kverna.

Langt om lenge vart det til at han skulle få kjøpa henne. Men tre hundre dalar måtte han ut med, og så skulle den andre få ha henne til slåttonna. — Får eg ha kverna så lenge, kan eg mala opp mat for mange år før eg let bror min få henne, tenkte han for seg sjølv.

I den tida kan ein nok vita at kverna ikkje vart rusta. Ho gjekk både dag og natt. Men då slåttonna kom, fekk broren henne, slik som dei hadde avtala. Den andre akta seg berre vel for å læra han å stille kverna då han gav henne frå seg.

Det var om kvelden den rike fekk kverna heim til seg, og morgonen etter bad han kjerringa gå ut på bøen og breia etter slåttekarane. Han skulle laga til dugurden sjølv i dag, sa han, og ville ikkje ha nokon andre gåande i vegen for seg i kjøkenet.

Då det leid mot dugurdstid, sette han kverna på kjøkenbordet. — Mal sild og velling, og det både fort og vel, sa mannen. Og kverna mala sild og velling, fyrst alle fat og trau fulle, og sidan ut over bord og benker og heile kjøkengolvet.

The man, he fumbled and he fiddled around with this and with that to get the mill to stop. But no matter how he screwed on this or on that, the mill just kept on going. After a while, the gruel was so deep that the man was near to drowning. Then he opened the parlor door, but it was not long before the parlor was full as well.

It was only with luck that he was able to find the door latch in this quagmire of gruel. When he pulled the door open, as you can imagine, he did not stay in the house. He flew out, with the herrings and gruel close on his heels, flowing and flooding both the farm and the fields.

Now, his wife who was spreading hay out to dry was thinking that it was taking a long time for the food to be ready for the morning break. — If the old man doesn't call us home soon, we will go anyway! He doesn't know much about cooking gruel so I had better help him, said the wife to the workmen.

So they wandered off towards the farm house. But after walking over the fields for a while, they met both herrings and gruel that was rushing down the hill with the man himself running in front. — I wish each of you had one hundred stomachs! Take care so you don't drown in the gruel, he screamed.

He was running so fast that one would think the devil himself was on his heels; down he ran to where his brother lived. He begged him in the name of God to take the mill back; otherwise the town would drown in herrings and gruel. But the brother would not take the mill back unless the other paid him another $300.

Now the brother who was poor had both money as well as the mill, and it was not long before he had himself a house, much finer than the one that his brother owned. With the mill, he had made so much gold that he gold-plated the whole outside of the house. Oh how it shone so beautifully, right down there along the fjord.

· · · · ·

Mannen fikla og stelte og skulle få kverna til å stansa. Men korleis han snudde og fingra på henne, så heldt kverna på, og etter ei stund nådde vellingen så høgt at mannen var nære på å drukna. Så reiv han opp stovedøra, men snart var heile stova og full.

Det var med harde nauda at mannen fekk tak i dørklinka ned i vellingflaumen. Då han fekk opp døra, vart han ikkje lenger verande i stova, skal eg tru. Han sette ut, og sild og velling etter han, så det fossa og fløymde ut over både gard og jorde.

No tykte kjerringa som dreiv på og breidde høy, at det drygde vel lenge før dugurden vart ferdig. — Om ikkje mannen ropar heim, får vi gå likevel! Han kan vel ikkje stort med å koka velling, så eg lyt vel hjelpa han, sa kjerringa til slåttefolka.

Ja, så rusla dei heimover. Men då dei kom oppetter bakkane eit stykke, møtte dei sild og velling som kom fossande, og mannen sjølv føre flaumen. — Gjev det var hundre vommer på kvar av dykk! Men akta dykk så de ikkje druknar i dugurdsvellingen! skreik han.

Han sette framom dei som den vonde sjølv var i hælane på han, og nedetter dit broren budde. Han bad han for Guds skuld ta att kverna, elles kom heile bygda til å drukna i sild og velling. Men broren tok ikkje kverna att før den andre betalte han tre hundre dalar til.

No hadde den fattige både pengar og kvern, og så gjekk det ikkje lenge før han fekk seg ein gard mykje gildare enn den broren åtte. Med kverna mol han opp så mykje gull at han kledde huset med berre gullplater, så det lyste og skein langt utetter fjorden.

Everyone who sailed past now wanted to drop in and meet this rich man in his golden house. And everyone wanted to see this clever mill, because the story had now spread both far and wide, and there was no-one who had not heard about it.

After a while, a skipper came along who wanted to see the mill. He asked if it could grind salt. Aye, it could grind out salt, said the one who owned it. When the skipper heard this, he had to have the mill, no matter what it cost — be it by hook or by crook.

If he had it, he was thinking, he would not need to sail far away across the ocean in rough seas after salt. In the beginning the man did not want to sell it, but the skipper pleaded and begged, until he finally sold the mill and received thousands and thousands of dollars for it.

When the skipper lifted the mill onto his back, he did not stay long, as he was frightened the man would regret the sale and change his mind. To ask how to operate the mill, he just did not have time for. He set off towards his ship as fast as his legs would carry him.

When he had sailed some distance out at sea, he brought the mill up on deck. — Make salt and do it both quickly and correctly! said the skipper. Well, the mill made salt so that it gushed and spattered everywhere. When the skipper had filled his ship, he wanted to stop the mill, but that was not so easy!

No matter what he did, or how he did it, the mill just kept on going and going. A mountain of salt grew and grew, until finally the ship sank. And there the mill stands until this very day, on the bottom of the sea, grinding out salt, — which is why the sea is so salty.

• • • • •

Alle dei som siglde framom der, skulle no innom og helsa på den rike mannen i gullgarden. Og alle ville dei sjå på den snodige kverna, for den gjekk det ord om både vidt og breitt, og det var ingen utan han hadde høyrt tale om den.

Langt om lenge kom det ein skipper som ville sjå kverna. Han spurte om ho kunne mala salt. Jau, ho kunne mala salt, sa han som åtte henne. Då skipperen høyrde det, ville han med naud og makt ha kverna, det fekk kosta kva det kosta ville.

Hadde han den, tenkte han, så slapp han å sigla langt bort over sjø og bårer etter saltladningar. I fyrstninga ville ikkje mannen vera av med henne, men skipperen både tagg og bad, og til sist selde han kverna og fekk mange, mange tusen dalar for henne.

Då skipperen hadde fått kverna på ryggen, stogga han ikkje lenge der, for han var redd at mannen kunne koma til å angre på handelen. Å spørja korleis han kunne stilla henne, hadde han slett ikkje tid til. Han sette ned til skuta det fortaste han kunne.

Då han kom eit stykke ut på sjøen, fekk han kverna opp. — Mal salt, og det både fort og vel! sa skipperen. Ja, kverna til å mala salt, og det så det spruta. Då skipperen hadde fått skipet fullt, ville han stogga kverna, men det var ikkje så lett.

Korleis han bar seg åt, og korleis han stelte på henne, så mol kverna like radt. Salthaugen voks høgare og høgare, og til sist gjekk skuta til botnar. Der står kverna på havsens botn og mel den dag i dag, og difor er det at sjøen er salt.

The clever fox

Once upon a time there was a man who had been out fishing. He had a good catch and came driving home with a whole load of fish. As he sat in the cart, he saw a fox that lay curled up beside the road, still and stiff as if he was dead as a stone.

— Now I have a good gift for my wife, thought the man. He took and threw the dead fox on the back of the load. Then he drove off again. But then the fox came to life. Quietly and cautiously he threw one fish after the other off the cart, and when the cart was empty, he hopped off.

When the man came home, he called inside to his wife. — Now mother, would you like to see the fine fur stole I have with me for you? — Where do you have it then? asked the wife. — Here on the load. A lot of fish and a fur stole on the top! said the man. So his wife came out wanting to have a look.

But she did not see a hint of either the fish or the fox pelt. — You twisted old fool! she said and gave her husband a cuff on the ear. — Why are you trying to fool me? — Ow, ow, that rascal fox must not have been dead, whimpered the man. But it is too late to worry about this now.

The fox gathered up all the fish into a pile and set about eating in peace and harmony. Then a wolf came along. — Good day, my dear friend! Give me some fish! said the wolf. — You should go down to the ice on the river and fish, as I did, then you will get supper, for sure, answered Reynard the fox.

Just stick your tail into a hole and then the fish will come and bite themselves fast, said the fox. Aye, the wolf went down to the river and sat with his tail in a hole, and bite it did, as it was in the middle of the extremely cold winter. And it did not take long before his tail was frozen firmly to the ice.

Den lure reven

Det var ein gong ein mann som hadde vore ute og fiska. Han hadde gjort god fangst, og kom køyrande heimetter med eit heilt lass med fisk. Best som han sat der i kjerra, fekk han sjå ein rev som låg ihopkrulla attmed vegen, still og stiv som han var steindaud.

— Der har eg ei bra gåve til kona, tenkte mannen. Han tok og slengde den daude reven bakpå lasset. Så køyrde han av stad att. Men då kom det liv i reven. Stilt og varsamt kasta han den eine fisken etter den andre av lasset, og då kjerra var tom, hoppa han sjølv etter.

Då mannen kom heim, ropa han inn til kona. — No, kjerring, vil du sjå den fine skinnkragen eg har med til deg? — Kvar har du han då? spurde kona. — Her på lasset. Mykje fisk og ein skinnkrage på toppen! sa mannen. Då kom kjerringa ut og ville sjå.

Men ikkje såg ho snerten korkje av fisk eller reveskinn. — Din gamle kallkrok! Sa ho og gav mannen ein øyrefik. — Kvifor prøver du å narra meg slik? — Au, au, revefanten var nok ikkje daud, sutra mannen. Men det er for seint å tenkja på det no.

Reven sanka i hop att all fisken, og så sette han seg til å eta i ro og mak. Då kom det ein ulv framom. — God dag, kjære ven! Gje meg litt fisk! sa ulven. — Du får gå ned på elveisen og fiska, du som eg, så får du nok kveldsmat, svara Mikkel.

Stikk berre svansen din i ei råk, så kjem fisken og bit seg fast, sa reven. Ja, ulven gjekk ned til elva og sette seg til med svansen i råka, og beit gjorde det, for det var midt på smellkalde vinteren. Det gjekk ikkje lenge før rova fraus fast i isen.

— Oh, goody, all the fish must be fastened to my tail! the wolf was thinking when he was about to pull his tail out. He pulled and he tugged, but it did not help. And just then some old women came down on the ice after water. — A wolf! they cried when they saw him.

— Him we will give a thrashing to! they shouted. They rushed headlong on and began to hit him and beat him with buckets and wooden vessels with lids on and everything they had at hand. The wolf he pulled and he strained trying to get loose, and finally he pulled his tail off and headed through the woods howling.

— I will get you back for that, my good fox! he grumbled and began to look for Reynard. But the fox had just snuck into a house where the wife was making pancakes. He wanted to steal a tidbit, but the woman threw the entire bowl of pancake mixture over his head.

He was well and truly covered from head to toe, and he only just found the door to get out again. But up in the woods the wolf stood a-waiting for him. — What sort of nonsense is it you pulled when I went fishing? — Now you will get a thrashing, which you will remember for a long, long time.

— Oh, my dear friend, said the fox, — you have lost your tail, but I have been so poorly treated that my very brain has been squeezed out, as you can see. I can barely manage to walk. — Aye, you have surely fared worse than I, said the wolf as he smirked. — You had better sit on my back.

The fox was not slow; he clung on tight to the wolf's back. He sat there and mumbled again and again: — The one who was thrashed carries the one who is thriving! — What did you say? asked the wolf. — I only said that the one who was thrashed carries one who was thrashed worse! said the fox, smiling to himself.

• • • • •

— Oj, oj, all den fisken som sit fast i svansen min! tenkte ulven då han skulle til å draga opp. Han sleit og drog, men det hjelpte ikkje. Og best som det var, kom det nokre kjerringar ned på isen etter vatn. — Ein gråbein! Sette dei i då dei fekk sjå han.

— Han skal vi dengja! ropa dei. Dei rusa fram og tok til å slå og dunka han med bytter og ambarar og alt dei hadde for hand. Ulven sleit og reiv og ville koma seg laus, og til sist rykte han av seg svansen og sette ylande til skogs.

— Dette skal du nok få att, min gode rev! Murra han og tok til å leita etter Mikkel. Men reven hadde nett lurt seg inn i ei stove der kona heldt på å steikja pannekaker. Han ville stela seg ein godbit, men kona skvette heile kakerøra i hovudet på han.

Han vart stygt tilklint, og det var berre så vidt han fann døra og kom seg ut att. Men oppe i skogen stod ulven og venta på han. — Kva er det for noko tull du narra meg til då eg skulle fiska? sa ulven. — No skal du få stryk så du kjem til å hugsa det ei tid.

— Å kjære ven, sa reven, — du har mist svansen, men eg er så ille medfaren at sjølve hjernen har skvotte ut, som du ser. Eg orkar mest ikkje å gå. — Ja, dei har nok fare verre med deg enn med meg, sa ulven og gliste. — Du lyt heller få sitja på ryggen min.

Reven var ikkje sein, han klengde seg fast oppe på ulveryggen. Der sat han og mulla opp att og opp att: — Ein som fekk pisk, ber ein som er frisk! — Kva seier du? spurde ulven. — Eg seier berre at ein som fekk pisk, ber ein som fekk verre pisk! sa reven og flirte med seg sjølv.

The Shoemaker

Once upon a time there was a shoemaker who could do nothing more than sit there and sew shoes. They sewed with very thin strips of leather in those days, and therefore he had put some tallow on the table to lubricate the strips with, so that the strip would go through the holes easier.

But there happened to be so many flies around and they always settled on the tallow. This, the shoemaker was tired of and therefore took a piece of leather and whacked the flies. His aim was so good that he killed fifteen flies with one blow and with this, he was not only just a *little* proud.

— Oh yes, he thought, if I am this good, I need not just sit here at home sewing shoes! And then he wrote in beautiful letters on his jacket that he could kill fifteen with one blow.

So off he went into the world and wanted to show everyone what type of man he was. After having walked a while, he came to a green opening in the forest. There he sat down and ate his food, and later he was so tired that he lay down to sleep.

Then along came twelve of the king's guard a-riding. When they saw this champion who could kill fifteen with one blow, they stopped. — We must get him home to the king, they said. But how do we dare wake him? He can kill fifteen and we are only twelve!

But then they thought that they would let the horses come together and fight. There was so much neighing and commotion that it was just horrible, and with this the shoemaker flew up. — Why is all this bedlam happening! he hissed and made himself look so tough that it was a sight to see.

Skomakaren

Det var ein gong ein fattig skomakar som ikkje kunne gjera anna enn å sitja å sauma skor. Dei sauma med reim i dei dagar, og så hadde han lagt noko talg på bordet til å smørja reima med, så ho skulle gå lettare gjennom hola.

Men så kom det så fullt av fluger og sette seg på talga. Dette vart skomakaren lei av, og så tok han opp eit ler-stykke og slo til flugene. Han råka så godt at han slo ihel femten i eitt slag, og då vart han ikkje lite kry.

— Å hå! tenkte han, — er eg slik kar, så høver eg ikkje til å sitja her og sauma skor! Og så let han skriva med gylte bokstavar på trøya sit at han kunne slå ihel femten med eitt slag.

Så tok han ut i verda og ville syna kva kar han var. Då han hadde gått ei stund, kom han ut på ei grøn slette i skogen. Der sette han seg ned og åt nista si, og sidan vart han så trøtt at han la seg til å sova.

Då kom det tolv kongens karar ridande. Då dei fekk sjå den kjempa som kunne slå ihel femten med eitt slag, stogga dei. — Vi lyt få han med heim til kongen, sa dei. — Men korleis skal vi tora å vekkje han? Han kan slå ihel femten, og vi er berre tolv!

Men så kom dei på at dei skulle sleppa hestane i hop til å bitast. Då vart det slik knegging og ståk at det var fælt, og så fauk skomakaren opp. — Kva er det for leven de finn på! kveste han og gjorde seg så morsk at det var eit syn.

The king's men kneeled and said: — Merciful Lord, may we speak with you? Aye, since they asked so nicely, they would be allowed, he said. So they asked him if he would follow them to the king and help protect his kingdom.

So, he went with them to the palace. When the king saw that they had brought this exceedingly strong man, the king was beside himself with glee. And the other king's men were so afraid of the shoemaker that they never spoke a bad word to him.

The shoemaker stayed at the king's palace for a long time and everyone showed him both honor and glory. The king sat him at his own table, and such good days and such feasts, the shoemaker had never before had. And most importantly, there was no need to show his strength.

But it so happened that a unicorn was making trouble in the king's forest. Whoever came along, he would kill. The king then asked the shoemaker if he would kill this impossible creature for them. — Aye, that I can easily do, he said. And so off he went.

Aye, he thought, now it is best I go away, or it will be over with me. So he took another road to escape. After a while, he came to a dense spruce forest. And it was not long before the unicorn came snorting and crashing so that it was just frightening.

Well, the shoemaker was out in front and the unicorn was on his heels. Then it became so dense with spruce that the unicorn rammed into one tree and jammed his horn fast in the trunk. There he was stuck. — Aha, thought the shoemaker, — am I this good, then I need not run away like some other scaredy-cat.

• • • • •

Kongsmennene la seg ned på kne og sa: — Nådige herre, må vi få tala med deg? Ja, sidan dei bad så snilt, fekk dei lov til det, sa han. Så spurde dei om han ville følgja med til kongen og hjelpa til med å verja riket hans.

Ja, så vart han med dei til kongsgarden. Då kongen såg at dei hadde fått tak i denne ovsterke karen, vart han så opp i veret at det var ikkje med måte. Og dei andre karane til kongen var så redde skomakaren at dei aldri tala eit vondt ord til han.

Skomakaren var verande der i kongsgarden lenge og alle synte han både heider og ære. Kongen sette han ved sitt eige bord, og så gode dagar og slikt gjestebod hadde skomakaren aldri hatt. For det fyrste trong han heller ikkje visa kreftene sine.

Men så hende det at einhjørningen vart så vond i skogen til kongen. Kven der kom, så drap han dei. Kongen bad då skomakaren om han ville slå ihel dette ugjerdsdyret for dei. — Jau, det er snart gjort det, for meg, sa han. Og så gjekk han.

Ja, tenkte han, no er det best eg kjem meg unna, elles er det ute med meg. Så tok han ein annan veg og ville rømma. Om ei stund kom han til ein tett fureskog. Der visste han ikkje av før einhjørningen kom brytande og burande så det var kaldleg.

Ja, skomakaren føre og einhjørningen etter. Så var der så tjukt med furer at einhjørningen rende til og sette hornet i ei av dei. Der vart han ståande. — Å hå, tenkte skomakaren, — er eg slik kar, så treng eg ikkje springa min veg som ein annan reddhare.

— Did you see anything? they asked him when he came back home to the palace. — Oh yes indeed, I saw some small worthless animal that only had the one horn. I set it fast into a spruce tree. If you want to kill it, then you can do so yourselves.

Well, twelve of the king's men took off and shot the unicorn dead, and then they carted it home to the palace on a big sleigh. Everyone was amazed at seeing this mighty beast, and now they were even more frightened of the shoemaker than before, and were very careful not to offend him.

When some time had passed, a polar bear began making so much trouble in the forest that no one was ever able to go there. The king sent his best men after it, but the bear just chased them home again. Then the king told the shoemaker that he would have to put an end to this bear.

— Aye, that is easy for me to do, said the shoemaker and left. He knew now that it was best if he could get away in time to save his life. Therefore, he took another route through the forest. But suddenly the polar bear came a-roaring so that it was just horrible.

Now the chase was on, the shoemaker in the front and the polar bear on his heels. Finally, they came to a bake house. The shoemaker tore the door open and slipped behind it. But the polar bear came running and burst right in before it could stop. So then the shoemaker slammed the door shut.

There stood the bear, not able to get out. — Aha, thought the shoemaker, — am I this good, then I need not run away. And so he went straight home again to the castle. — Did you see anything? they asked him. — I did indeed see a small wretched white animal, said he.

• • • • •

— Såg du noko? sa dei til han då han kom heim att til kongsgarden. — Å ja så menn såg eg eit lite filledyr som hadde berre eitt horn. Det sette eg i ei fure. Vil de drepa det, så kan de gjere det sjølve.

Ja, dei tok av stad tolv kongens karar og skaut einhjørningen ihel, og så køyrde dei han heim til kongsgarden på ein stor slede. Alle var opp i under over det veldige dyret, og dei vart endå reddare skomakaren enn før, og passa seg vel for å erta han.

Då det leid om ei tid att, tok kvitebjørnen til å vera så vond i skogen at det fekk aldri nokon koma dit. Kongen sende imot han dei beste karane sine, men bjørnen jaga dei heim att. Så sa kongen til skomakaren at han fekk gjera ende på kvitebjørnen.

— Ja, det er minst føre det, for meg, sa skomakaren og tok i veg. Han skjøna at det var best å koma seg unna i tide, om han skulle berge livet, difor tok han ein annan veg gjennom skogen. Men best det var, så kom kvitebjørnen burande så det var fælt.

Så bar det av stad, skomakaren føre og kvitebjørnen etter. Til sist kom dei til eit bakstre-hus. Skomakaren reiv opp døra, og så smatt han til sides. Men kvitebjørnen kom farande og bykste beint inn før han fekk stogga. Så stengde skomakaren att døra.

Der stod bjørnen og ut att kom han ikkje. — Å hå! tenkte skomakaren, — er eg slik kar treng eg ikkje rømma or tenesta. Og så gjekk han beine vegen heim att til kongsgarden. — Såg du noko? sa dei til han. — Å ja så menn såg eg eit lite, stakkarsleg, kvitt dyr, sa han.

— I threw it inside a bake house, he told them. — If you want to kill it, you will need to do it yourselves. Aye, the king sent twelve of his best men, and they shot dead the bear.

After this, they were even more in awe of the shoemaker. But it was not long before there was unrest in the country. They met the enemy war party by a big river. There was a bridge that the enemy needed to cross.

The king said to his warriors that they were to follow this champion of theirs. And he was to ride in front on the king's own horse. Well, they put him on, but he had never sat on a horse before, so it was not easy.

He did not even know which rein to pull on. And when he mounted on the one side, he fell off on the other. Finally they had to tie his legs together from underneath the horse, and so off he rode. But the horse was so frisky and wild that it was just a sight to see for sore eyes.

He jumped as high as the top of the spruce trees, and such a rider nobody had ever before seen. The enemy thought it was the devil himself that was coming, and they were so frightened that they knocked into each other to get off the bridge, so that many fell into the river, while the rest of their army just fled.

When they came back home, the king was so happy that they had beaten the enemy that there was just no end to it. He gave the shoemaker his daughter and half the kingdom, and so they held a wedding that lasted a whole seven days, and was spoken of both far and wide.

• • • • •

— Eg tok og kasta det inn i eit bakstre-hus, fortalde han. — Vil de drepa det, så kan de gjera det sjølve. Ja, kongen sende tolv av dei beste karane sine, og dei skaut bjørnen ihel.

Etter dette hadde alle endå meir age for skomakaren. Men det gjekk ikkje så lenge, så vart det ufred i landet. Dei møtte den andre krigshæren ved ei stor elv. Der var ei bru som fienden nett ville til å setja over.

Kongen sa til krigsmennene sine at dei laut følgja etter der denne kjempa hans for føre. Og han skulle rida fremst på hesten til kongen. Ja, dei sette han oppå, men han hadde aldri sete på ein hest før, så det var ikkje så greitt.

Ikkje visste han kva taum han skulle dra i. Og steig han opp på den eine sida, datt han ned att på den andre. Til sist måtte dei binda føtene hans saman under hesten, og så reid han i veg. Men hesten var så kåt og galen at det var eit syn.

Han flaug jamt med furetoppane, så makan til ryttar hadde aldri nokon sett. Fiendane trudde det var den vonde sjølv som kom, og vart så redde at dei trengde kvarandre utfor brua så mange datt i elva, og resten av hæren deira rømde sin veg.

Då dei kom heim att, var kongen så glad for at dei hadde vunne over fienden at det ikkje var måte på det. Han gav skomakaren kongsdottera og halve riket, og så heldt dei eit bryllaup som varte i sju heile dagar til ende, og spurdest både vidt og breitt.

The Ham Shank

There was a time when dangerous thieves had come to the district, and they were so good at stealing that the people were at their wit's end as to what to do. Sometimes the thieves would slink around at night, and other times during the day. Sometimes they were dressed like bigwigs and sometimes like villains.

Then it came to happen that the owner of a farm had to travel to another village and be away all day. Before he left, he said to his wife: — If strangers should come here today, you will welcome them and give them both drink and food. But you must listen well at what they are talking about.

— Aye, that I shall take care of, said the wife. And when it was late in the afternoon, two men who were strangers came and asked if the man of the house was at home — they would like to speak with him. The woman told the truth that he was away on a trip.

She decked the table with her very best and set out the food. She listened quietly at what these fellows were talking about. While they sat at the table and ate, said one in a lowered voice to the other: "With quills and frills" — and then looked up at a big ham shank that was hanging on a rod to dry.

— It would be best if I don't forget these words, she said to herself. The men sat at the table for both a long and a lengthy time, and when they were finally finished with eating and drinking, they thanked their hostess for her hospitality and went on their way. They never mentioned who they were or where they were going.

When the farmer came home in the evening, he asked if anybody had been there while he was away. — No one else but the two men who asked for you, said his wife. — When they were sitting at the table eating, I heard one of them say: "With quills and frills" — and then he stared up at that pole there.

Fleskeskinka

Det var ein gong det hadde kome nokre stortjuvar til bygda, og dei var så fæle til å stela at folk visste ikkje si arme råd. Somme gonger kom tjuvane luskande om natta, andre gonger om dagen. Stundom var dei kledde som storkarar, og stundom som fant.

Så hende det at bonden på ein gard skulle fara til ei anna bygd og vera borte heile dagen. Før han reiste, sa han til kjerringa si: — Kjem det framandfolk hit i dag, skal du ta vel imot dei og gje dei både mat og drikke. Men du må lyda vel etter det dei talar om.

— Ja, det skal eg rett gjera au, det, sa kjerringa. Og då det leid ut på dagen, kom det to framandkarar og spurde om mannen på garden var heime — dei ville gjerne tala med han. Kjerringa sa då som sant var at mannen var borte ein tur, han.

Ho sette fram mat til dei av det beste ho hadde, og høyrde godt etter kva dei to karane tala om. Medan dei sat der ved bordet og åt, sa den eine halvhøgt til den andre: «Med bust og bog» — og så gløtta dei opp på ei stor fleskeskinke som hang til tørk på ei stong.

— Desse orda er det best eg ikkje gløymer, tenkte kjerringa med seg sjølv. Karane sat til bords både vel og lenge, og då dei endeleg var ferdige med å eta og drikka, takka dei for seg og gjekk sin veg. Dei nemnde ikkje kven dei var og kvar dei skulle.

Då bonden kom heim om kvelden, spurde han om det hadde vore nokon der med han var borte. — Ikkje andre enn to karar som var innom og spurde etter deg, sa kjerringa. — Då dei sat og åt, høyrde eg den eine sa: «Med bust og bog» — og så glodde han opp på stonga der.

— It was the thieves, said the husband, — and it was the ham shank they were talking about. Now it is up to us to take care and hide the ham shank well, otherwise these felons will come back after we have gone to bed and run away with it. These fellows are sure daring enough to steal it.

For a long time he wondered where to hide the ham shank so no one would find it. He hid it in one place after the other, but then thought than no place was safe enough. At last he decided to put it in the baking oven, and there it stayed.

As the night wore on, one of the two thieves came sneaking in. He tiptoed as quietly as he could towards the hearth, and began to feel along the pole with his hands. But there was no ham shank hanging there, just sox and shorts, and that was not what he was out after.

The farmer and his wife lay in their bed in the sleeping chamber and listened to the pottering about inside the house. Then the thief went out to his friend who was outside waiting. — I want you to go to the barn and let all the animals out, he said, — then I would think the farmer will get himself out of bed.

— In the meantime I will hide myself behind the door, said the thief. Well, the other one did as his friend had said; he went down to the barn and chased out both cattle and goats and sheep and pigs and everything else that was living in there. And you must certainly understand that there was a lot of racket in the yard when they all came out!

— What is it that is happening now? said the farmer. He jumped up and put his pants on and headed for the door. — It seems that they are stealing the animals from the barn as well! But when he came outside, the thieves were not to be seen. With a lot of hard work and effort, he was able to chase the animals back into the barn.

· · · · ·

— Det var tjuvane, sa mannen, — og det var fleskeskinka dei meinte. No gjeld det at vi tek oss i vare og gøymer skinka vel, elles kjem fantane att når vi har lagt oss i kveld, og dreg av garde med henne. Desse karane er nok ramme til å stela.

Så lurte han lenge på kvar han skulle gøyma skinka så ingen fann henne. Han gøymde henne på den eine staden etter den andre, men tykte ikkje nokon stad var trygg nok. Til sist fann han på å leggja henne inn i bakaromnen, og der vart ho liggjande.

Då det leid ut på natta, kom ein av dei to tjuvane smygande inn. Han gjekk på tå så stilt han kunne fram mot grua, og tok til å stryka med handa langsetter stonga, Men det hang inga fleskeskinke der, berre sokkar og skoband, og det var ikkje det han var ute etter.

Bonden og kona hans låg i senga i koven og høyrde på dette som tusla inne i stova. Så gjekk tjuven ut til kameraten som stod utanfor og venta. — No skal du gå ned i fjøset og sleppa ut buskapen, sa han, — så tenkjer eg nok at mannen karar seg opp or senga.

— Eg gøymer meg attom døra så lenge, sa tjuven. Ja, den andre gjorde som kameraten sa, han gjekk ned i fjøset og hadde ut både kyrne og geitene og sauene og grisane og alt som levande var. Og du kan tru det vart eit fælt leven der på tunet då alle kom ut!

— Kva er det som står på no? sa bonden. Han for opp og fekk buksa på seg og drog på dør. — Det er likt til at dei vil stela krøtera or fjøset òg! Men då han kom ut, såg han ikkje noko til tjuvane. Med mykje slit og strev fekk han jaga buskapen inn i fjøset att.

While the farmer was putting the animals back into their stalls, the thief who had hidden behind the door did not dilly-dally. He slipped in to the wife who was lying there and staring in the dark. — Hey, where was it that we hid the ham shank? he whispered. — We must hide it better from this pack of thieves!

— Don't you remember that it was you yourself that hid it in the baking oven then? said the wife. — Aye, so it was, it was there I last put it, said the thief, and ran straight to the baking oven and grabbed the ham shank and quickly left.

Outside, behind the barn he found his friend. — We tricked them good! laughed the thieves. — With such a ham shank we won't go hungry for a long time. One of them threw the ham shank over his shoulder, and off they went through the forest the two of them, as they did not dare take the main road.

When the farmer was finished with the animals, he hurried back to his wife. — Where was it that we hid the ham shank? he said. — I am afraid that we must hide it better from this pack of thieves. — The *ham shank*? said the wife. — Do you mean to say that you come again and ask about the *ham shank*?

— Did I not tell you just now when you were inside that it was you that had hid it in the baking oven? asked the wife. — I have not been inside with as much as my nose since I ran down to the barn! said the husband. — You were inside here just a moment ago! said the wife.

Now the husband understood that things were not as they should be. He ran in and looked in the baking oven. Nope, there was no ham shank there. But it did not take long for him to throw on some more clothes, and then hurry outside after the thieves.

• • • • •

Medan bonden dreiv og batt dyra i båsane, var han ikkje sein, den tjuven som hadde gøymt seg bak døra. Han smatt inn til kjerringa som låg og glodde i mørkret. — Du, kvar var det vi la fleskeskinka i stad? kviskra han. — Vi må gøyma henne betre for dette tjuvepakket!

— Hugsar du ikkje at du sjølv la skinka i bakaromnen då? sa kjerringa, ho trudde det var mannen hennar som var der. — Ja, det er sant, det var der eg la henne sist, sa tjuven, og så sprang han beint til bakaromnen og fekk tak i skinka, og kom seg på dør.

Ute bak låven fann han kameraten sin. — No lurte vi dei godt! lo tjuvane. — Med ei slik fleskeskinke vert vi ikkje matlause på lenge. Den eine tok skinka på ryggen, og så bar det til skogs med dei båe to, for dei våga ikkje å gå storvegen.

Då bonden var ferdig med buskapen, skunda han seg inn til kjerringa. — Kvar var det vi la fleskeskinka i stad? sa han. — Eg er redd vi må gøyma henne betre for dette tjuvepakket. — Fleskeskinka? sa kjerringa. — Kjem du no og spør etter fleskeskinka att?

— Sa eg ikkje til deg no då du var inne, at du sjølv hadde lagt henne i bakaromnen? spurde ho. — Eg har ikkje vore her inne med mine bein sidan eg sprang ned i fjøset! sa mannen. — Du var her inne no for ein liten blunk sidan! sa kjerringa.

Då skjøna mannen at dette var ikkje som det skulle vera. Han sprang inn og såg etter i bakaromnen. Nei, der låg det inga fleskeskinke! Men då var det ikkje lenge før han fekk på seg meir klede, og så skunda han seg ut og sette etter tjuvane.

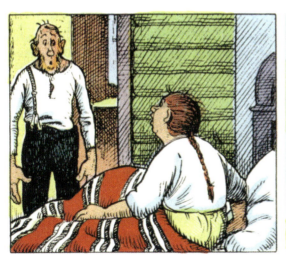

When he had run past the buildings, he could not see hide or hair of them, and therefore he also went through the forest. It was dark as dark can be, but he knew the forest well and took a shortcut so that he would get ahead of the thieves and then confront them.

The way was windy, and the ham shank was heavy, so it went slowly with the thieves trying to find their way in the dark. It was worst for the one carrying the ham shank. He struggled terribly, and it was not long before his friend had disappeared ahead of him in the darkness of the dense forest.

As he was standing there catching his breath, he saw a man come directly towards him there in the forest. — Aye, you are a nice one you are, keeping away from me! said the thief and threw the ham shank into the arms of the other one. — Now you can lug and carry this ham shank for as long as I have.

Well, the man accepted the ham shank he did, and said not a single word. He just made sure that he was hidden from the thief in the darkness. Later he hurried through the forest towards home as swiftly as he could. But the ham shank was heavy, so it did not go so fast after all.

A while later the two thieves met each other in the forest, and they just stood there gaping and staring, because neither of them had the ham shank. — It must have been the farmer himself that I threw the ham shank to, said the one. — But he is going to lose that ham shank again; I will make sure of that!

And then they began running towards the farm as fast as their legs would carry them. They arrived there in good time before the farmer, who now had the heavy ham shank to lug home. The washing was hanging out on the fence, and from there one of the thieves took one of the skirts belonging to the woman and put it on.

• • • • •

Då han kom nedanfor husa, såg han fara etter dei, og dermed bar det til skogs med han og. Det var stupande mørkt, men han var godt kjend i skogen og tok ein snarveg, så han kunne koma framom tjuvane og sidan gå til møtes med dei.

Vegen var kronglut, og fleskeskinka tung, så det gjekk heller smått for tjuvane å streva seg fram i mørkret. Verst var det for han som bar skinka. Han sleit fælt, og det var ikkje så lenge før kameraten hans kom reint bort frå han i det tjukke skogmørkret.

Best som han stod der og pusta ut, fekk han sjå ein mann som kom rett imot han der i skogen. — Jau, du er ein fin fyr til å halda deg unna! sa tjuven og kasta fleskeskinka i armane på den andre. — No kan du dragsa og slepa på skinka så lenge som eg har gjort!

Ja, mannen han tok imot skinka, han, og sa ikkje eit ord. Han berre laga det slik at han vart borte for tjuven i mørkret. Sidan skunda han seg gjennom skogen og heim, så snøgt han var god til. Men skinka var tung, så det gjekk likevel ikkje så fort.

Ei stund etter møtte dei to tjuvane kvarandre i skogen, og dei vart berre ståande og gapa og glo, for ingen av dei hadde fleskeskinka. — Du skal sjå det var bonden sjølv eg kasta fleskeskinka til, sa den eine. — Men han skal fint ut med skinka att, det skal eg vera mann for!

Og så la dei på sprang mot garden så fort som føtene kunne bera dei. Dei kom dit i god tid før bonden, som no hadde den tunge skinka å dra på. Det hang ein klesvask ute på hagegjerdet, og der fekk den eine tjuven tak i ein av stakkane til kjerringa og drog den på seg.

On his head he tied one of her scarves. Then he sat himself down on the doorstep, while the other thief hid behind the barn. After a while the farmer came carrying the ham shank, and when he saw this woman on the doorstep, he thought it was his wife sitting there waiting.

— Look, here is the ham shank, mother! said he. — It was with luck that I got it back, but as you know, they can't trick me. Now, if you could be so kind as to hide it well because I am afraid that these terrible vagrants have not yet given up.

With that he threw the ham shank into the lap of the one who had dressed himself up as a woman, and he headed off to the barn to see if the animals had settled down. And the thieves did not waste time. They took the ham shank and set off for the forest again as quickly as they could.

When the farmer came in from the barn and lay down, he asked his wife where she had hidden the ham shank this time. — Ham shank? said the woman, half asleep. — I have seen neither you nor any ham shank since you left earlier on.

— What say you? said the farmer. — Was it not you who was sitting on the doorstep and took the ham shank when I came back? — I have been laying here dozing off the whole time, said the wife. — Have you been fooled again? asked the wife. — Oh, heavens to Betsy, our thieves have been at it again! said the husband.

So he put his clothes back on and headed for the forest once more. But now the thieves were deep in the forest. They were thinking that here the farmer would never find them, and they could rest a while. They had not had a morsel of food either since earlier in the day and both were tired and hungry.

• • • • •

På hovudet knytte han eit av tørkleda hennar. Så sette han seg ute på dørstokken, medan den andre tjuven gøymde seg bak låven. Om ei stund kom bonden berande med skinka, og då han såg dette kvinnfolket på dørstokken, trudde han det var kjerringa som sat der og venta.

— Sjå her er fleskeskinka, mor! sa han. — Det var på nippet eg fekk henne att, men dei lurer ikkje meg, veit du! No er du så god du gøymer henne vel, for desse fæle farkane har vel ikkje tenkt å gje seg enno, er eg redd for.

Dermed kasta han fleskeskinka ned i fanget på han som hadde kledd seg ut til kjerring, og så gjekk han sjølv i fjøset og ville sjå om krøtera hadde roa seg. Då var ikkje tjuvane seine. Dei tok fleskeskinka og sette til skogs att så snøgt dei kunne.

Då bonden kom inn frå fjøset og hadde lagt seg, spurde han kjerringa kvar ho hadde gøymt fleskeskinka denne gongen. — Fleskeskinka? sa kjerringa i halvsvevne. — Eg har ikkje sett korkje deg eller noka fleskeskinke sidan du gjekk ut i stad.

— Kva seier du? sa bonden. — Var det ikkje du som sat ute på dørstokken og tok mot fleskeskinka då eg kom? — Eg har lege her og småblunda heile tida, eg, sa kjerringa. — Har du no bore deg åt som ein tosk att? — Å, betre oss, no har tjuvane vore ute att! sa mannen.

Så kledde han på seg og drog til skogs att. Men no var tjuvane komne langt inn i skogen. Dei tenkte at der kunne ikkje bonden finna dei, så no ville dei kvila seg litt. Dei hadde ikkje smakt mat heller sidan tidleg på dagen, og var både trøtte og svoltne.

So they sat themselves down and made a fire. — It is going to be so good to eat! said the one. — It is good we have this ham shank, said the other, — and the ham shank we have rightly deserved! So they cut off some of the ham and fried it over the fire and began to eat.

At this same time, the farmer was striving through the forest searching, and when he had gone both far and wide, he noticed a light in the forest. When he came closer, he saw that it was the thieves who sat by the fire, smacking their lips and each eating a slice off the ham shank.

— I am alone against the two, but it is better to be lifeless than mindless, thought the farmer. He took off his jacket and trousers, and stood there just in his underclothes. Then he bowed down so far that his head was near his feet, and thus hopped towards the thieves.

Both the thieves stared so that their eyes nearly popped out of their heads when they saw this white form come hopping towards them. The farmer had stopped a bit, but now he started hopping again, and came closer and closer. Soon he was nearly at the fire.

— Oh me oh my, it's a ghost! yelled one of the thieves. — It's my granny walking again, I know the look! With that they ran off over sticks and stones as fast as their little legs would carry them, and left the ham shank and everything else behind.

The farmer picked up his ham shank again and trudged towards home as quickly as he was able. He was so worn out and tired from carrying the heavy ham shank that he did not get back home until late in the day. But after that excursion both he and the others in the district had their ham shanks left alone.

· · · · ·

Så sette dei seg ned og gjorde opp varme. — No skal det verta godt å få mat! sa den eine. — Det er bra vi har denne fleskeskinka, sa den andre, — og den har vi ærleg fortent! Så skar dei flesk og steikte over elden og gav seg til å eta.

På same tid streva bonden seg fram etter fara, og då han hadde gått langt og lenge, fekk han sjå at det lyste borti skogen. Då han kom nærare, såg han at det var tjuvane som sat der ved bålet og smatta og åt på kvar si steikte fleskeskive.

— Eg er åleine mot to, men det er betre å vera livlaus enn rådlaus, tenkte bonden. Han tok av seg trøya og buksa, og stod der berre i dei kvite underkleda. Så bøygde han seg ned til hovudet kom mest ned til føtene, og slik hoppa han bortover mot tjuvane.

Båe tjuvane stirte så augo mest stod ut av hovudet på dei då dei fekk sjå denne kvite skapningen som kom hoppande. Bonden hadde stansa litt, men no tok han til å hoppa att, og kom nærare og nærare. Snart var han komen mest bort til bålet.

— Å, hjelpe oss, det er skrømt! ropte den eine av tjuvane. — Det er bestemor mi som går att, eg kjenner andletet! Dermed rømde dei av stad over stokk og stein så fort føtene kunne bera dei, og sprang frå fleskeskinka og alt i hop.

Då tok bonden skinka si att, og traska heimover så fort han kunne. Han var så utsliten og trøtt av å bere på den tunge skinka at han kom ikkje heim før langt utpå dagen. Men etter den turen fekk både han og dei andre i bygda ha fleskeskinkene sine i fred.

The Ash-lad and the Red Horse

Once upon a time there was a man who owned a meadow of hay and a hay barn far out in the countryside somewhere. Even if he put all the hay into the barn in time he got no use of it, because it was all eaten up on every Christmas Eve. He had no idea as to what to do about this.

When his boys were growing up, they wanted to guard the hay barn. The first Christmas Eve the eldest was off. He went inside the barn and sat down in the hay, but he had not been sitting there long before he heard something banging somewhat awfully outside. With that he became frightened and ran off back home again.

The following Christmas Eve, the second eldest son was to guard the barn. But it did not go much better with him. When he had sat in the hay awhile, there was so much banging that the barn shuddered, and then he became so scared that he ran home as fast as he could.

On Christmas Eve the third year, Espen the ash-lad wanted to try. His brothers just laughed at him, but he still wanted to try. When he had been sitting in the hay awhile, there came such a thumping that the barn shook, and just then a red horse came in and began eating from the hay.

The ash-lad chased the horse back out again. But the horse asked so nicely if he could not just eat. — I have not eaten since Christmas Eve last year, he said. — And I will help you when you most need it. I will give you my bridle, and when you shake it, I will come.

So the horse was allowed to eat all the hay. The ash-lad took the bridle and walked back home. But he would not tell anyone what had happened, no matter how much his brothers queried and asked and made fun of him. — Maybe you fell asleep sitting there in the barn? they laughed.

Oskeladden og den raude hesten

Det var ein gong ein mann som hadde ei slåtte-eng og ei høyløe langt uti marka ein stad. Men om han fekk høyet vel i hus, så fekk han likevel ikkje nokon nytte av det, for det vart oppete kvar julenatt. Mannen visste ikkje si arme råd for dette.

Då gutane hans voks til, ville dei av og vakta høyløa. Fyrste julenatta skulle den eldste av stad. Han gjekk inn i løa og sette seg i høyet, men han hadde ikkje sete der lenge før han høyrde noko som dunde så fælt utanfor. Dermed vart han redd og sprang heim att.

Julenatta året etter skulle den nesteldste sonen vakta løa. Men det gjekk ikkje stort likare med han. Då han hadde sete der i høyet ei lita stund, kom det ein dun så sterk at løa skalv, og då vart han så redd at han sprang heim att det fortaste han kunne.

Julenatta tredje året ville Oskeladden i veg. Brørne berre flirte åt han, men han hadde no hug til å prøva likevel. Då han hadde sete der i høyet ei stund, kom det ein dun så løa riste, og med det same kom det ein raud hest inn og tok til å eta av høyet.

Oskeladden ville jaga hesten ut att. Men hesten bad så vent om han ikkje kunne få eta. — Eg har ikkje ete sidan i fjor julenatta, sa han. — Og eg skal hjelpa deg att når du mest treng det. Du skal få bekslet mitt, og når du rister på det, skal eg koma.

Så fekk hesten eta opp alt høyet. Oskeladden tok bekslet med seg og gjekk heim att. Men han ville ikkje fortelja noko om korleis det hadde gått, same kor mykje brørne frega og spurde og gjorde narr av han. — Kanskje du sovna då du sat der i løa? skratta dei.

The king in this kingdom had lost his daughter. A troll had taken her up into a mountain that was so high and steep that nobody could come up there. The king had promised that the one, who could save her, would get both the princess and half the kingdom, and there were many who tried.

But no one could get up that steep mountain. Now the ash-lad wanted to have a go. He went to the mountain and shook the bridle, and the red horse came straight away. The ash-lad swung himself into the saddle, and off they went straight up the steep mountain so that sparks were flying from the horse's hooves.

When he had come to the top of the mountain and had ridden some distance, he came upon an old woman who was just sitting there. — Good day, grandmother! said the ash-lad. — I have now been sitting here for one hundred years, said the woman, but you are the first to call me grandmother. You have not done that for naught, said she.

So she gave the ash-lad a deathwatch beetle's mandible, a feather and a ball of yarn. — If you put the mandible behind your ears, you will make yourself into a deathwatch beetle, said she. — If you do the same with the feather, you will make yourself into a bird. But the ball of yarn you need to throw, and where it leads you, you must go.

The ash-lad threw the ball of yarn, and it rolled both up hills and down hills, over mountains and down into deep valleys. At long last he came to the mountain where the princess was. The troll was not at home that day, as he was out at sea fishing, and the ash-lad was able to just walk straight inside.

The princess, she was both happy and as well as anxious. — When the troll comes home he will kill you, she said. — I will take care of that, said the ash-lad. In the evening, the troll came walking home. — Fie, such a Christian man's smell, said he. However, by this time the ash-lad had changed himself into a deathwatch beetle and hidden himself inside a crack.

• • • • •

Kongen i dette riket hadde mist dotter si. Eit troll hadde teke henne opp på eit berg som var så høgt og bratt at ingen kunne koma dit opp. Kongen hadde lova at den som kunne frelsa henne, skulle få både henne og halve riket, og det var nok av dei som freista.

Men ingen kunne koma opp det bratte fjellet. No ville Oskeladden i veg. Han gjekk bort til berget og riste på bekslet, og raudehesten kom med ein gong. Oskeladden svinga seg opp i salen, og så bar det i veg oppetter bratte berget så gneistane fauk unna hestehovane.

Då han var komen opp på fjellet og reid bortetter, råka han ei gammal kjerring som sat der. — God dag, bestemor! sa Oskeladden. — No har eg sete her i hundre år, sa kjerringa, — men du er den fyrste som kallar meg bestemor. Det skal du ikkje ha gjort for ingenting.

Så gav ho Oskeladden ein veggsmed-nebb og ein fjørstilk og eit trådnyste. — Set du nebben bak øyra, kan du skapa deg om til ein veggsmed, sa ho. — Gjer du det same med fjørstilken, vert du til ein fugl. Men trådnystet skal du kasta, og der det trillar føre, går du etter.

Oskeladden kasta nystet, og det trilla føre både oppetter bakken og nedetter bakken, over fjell og djupe dalar. Langt om lenge kom han til det berget der kongsdottera var. Trollet var ikkje heime den dagen, det var ute på sjøen og fiska, og Oskeladden kunne gå beint inn.

Kongsdottera vart både glad og sutefull. — Når trollet kjem heim, så drep det deg, sa ho. — Det skal eg nok sjølv passa, sa Oskeladden. Då det leid til kvelds, kom trollet stigande. — Fy, for kristenmanns lukt, sa det. Men då hadde Oskeladden alt skapt seg om til ein veggsmed og gøymt seg i ei sprunge.

The troll then lay down to sleep. As soon as the ash-lad heard him snore, he crept out from the crack in the wall, and both he and the princess just strolled out of the mountain. Then he shook the bridle, and the red horse came. They climbed onto the back of the horse, the two of them, and rode away.

When they were nearly at the palace, they met a nobleman and his men. They surrounded the red horse. The nobleman himself took the princess and put her on his horse, and then he let his men push the ash-lad into the river that was flowing close by.

The nobleman went to the king and said that *he* had saved the princess. The king was both happy and glad, and took to getting the wedding ready straight away. But the princess was not happy. Early in the morning of the wedding day, she went down to the river where the ash-lad had been thrown in.

When the ash-lad was thrown into the river, a mermaid came and took him with her. They went far out to sea. But the ash-lad had to breathe, so the mermaid had to let him come up now and then. The first day he was only allowed to have just his head above the water.

The second day he was allowed to come a little higher, and then he was not slow in putting the feather behind his ear. He became a bird and flew his way. He came to the river's edge where he had been thrown in, and it happened to be on the same day that the princess was there.

Now they both hurried to the palace, and she let them know that it was the ash-lad who had saved her. So the nobleman was thrown into prison, and the princess and the ash-lad held a wedding celebration that lasted for four weeks, — and if they are not finished yet, then they are still celebrating.

• • • • •

Så la trollet seg og ville sova. Straks Oskeladden høyrde det snorka, smaug han fram or veggsprunga, og så rusla både han og kongsdottera ut or berget. Så riste han på bekslet, og raudehesten kom. Dei sette seg opp på hesteryggen, båe to, og reid av stad.

Då dei var komne mest heim til kongsgarden, møtte dei ein adelsmann og følgjet hans. Dei kringsette raudehesten. Adelsmannen tok sjølv kongsdottera på sin eigen hest, og så let han mennene sine skuva Oskeladden ut i ei elv som rann tett framom.

Adelsmannen gjekk til kongen og sa at *han* hadde frelst prinsessa. Kongen vart både glad og fegen, og tok til å laga til bryllaups med ein gong. Men kongsdottera var ikkje glad. Tidleg om morgonen bryllaupsdagen gjekk ho ned til elva der Oskeladden hadde kome ifrå henne.

Då Oskeladden vart kasta i elva, kom det ei havfrue og tok han med seg. Dei for langt til havs. Men Oskeladden laut pusta, så havfrua måtte lata han få koma opp ein og annan gongen. Fyrste dagen fekk han koma opp or vatnet berre med hovudet.

Andre dagen fekk han koma noko høgare, og då var han ikkje sein med å setja fjørstilken attom øyra. Så vart han til ein fugl og fauk sin veg. Han kom til elvebarden der han var kasta uti, og det var nett same morgonen som kongsdottera var der og gjekk.

No skunda dei seg båe til kongsgarden, og ho fortalde at det var Oskeladden som hadde frelst henne. Så vart adelsmannen kasta i fangeholet, og kongsdottera og Oskeladden tura bryllaup i fire veker — og er ikkje bryllaupet slutt, så varer det enno.

The Wood-collier

Once upon a time there was a man who burned wood to make charcoal. He had a son, and he also was a wood-collier. When his father died the son married, but he was lazy and did not want to do a single thing. And he was also hopeless at taking care of the charcoal kiln, and in the end nobody wanted him to make charcoal for them anymore.

However, he still managed to burn a kiln-full once, and he went into town with a few loads of charcoal to sell. On the way home he met with some neighbors and locals and he talked about all he had seen in town. — The odd thing was all the priests I saw there, he said.

— Everyone greeted them and took their caps off for them. I wish I was a priest, — then they may greet me as well. Now they act as if they don't even see me, he said. — Well if nothing else, you are at least black enough to be a priest, the neighbors said to the wood-collier who was covered in black dust.

— Anyway, now that we are out traveling, we can go to the auction of the old dead priest, and you can buy his vestments and collar, they said. And so they did. The wood-collier bid higher than everyone else, and when he came home, he did not have as much as a penny left.

— Well, now you must have both a way of earning a living as well as pennies then? asked the wife. — Aye, now we shall be living, mother, said the wood-collier, — because now I have become a priest! Here you can see both the robe and the collar! — You'll have me believe this? — Strong beer makes big words, said the wife and gave a snort.

Then one day there were so many gowned priests walking past the wood-collier's hut on the way to the palace, so the couple understood that something was going on there. Aye, the wood-collier wanted to go along as well, and so put on his vestments, even though his wife begged him to stay at home.

Kolbrennaren

Det var ein gong ein kolbrennar som hadde ein son, og han og var kolbrennar. Då faren var død, gifte sonen seg, men han ville ikkje ta seg noko til. Skrøpeleg var han til å passa mila òg, og til sist ville ingen ha han til å brenna kol meir.

Men så hadde han fått brent ei mile ein gong likevel, og han drog til byen med nokre kollass og selde. På heimvegen kom han i lag med grannar og bygdefolk og prata om alt han hadde sett i byen. — Det snodigaste var alle prestane eg såg der, sa han.

— Dei gjekk alle folk og helsa på og tok av seg luva for. Eg skulle ynskja eg var prest, så helsa dei kanskje på meg og. No læst dei ikkje sjå meg, sa han. — Ja, er du ikkje anna, så er du då svart nok til prest, du og, sa grannane til kolbrennaren.

— Men no når vi er ute og ferdast likevel, kan vi reisa på auksjonen etter gamlepresten, så kan du kjøpa kappa og kragen etter han, sa dei. Jau, dei så gjorde. Kolbrennaren baud høgare enn alle andre, og då han kom heim, hadde han ikkje ein skilling att.

— No har du vel både levemåte og skillingar? sa kjerringa. — Ja, no skal det verta levemåte, mor, sa kolbrennaren, — for no har eg vorte prest! Her ser du både kappa og kragen! — Det skal du få meg til å tru, sterkt øl gjer store ord, sa kjerringa og berre bles.

Så var det ein dag det for så mange prestkledde folk framom kolbrennarhyttta på vegen til kongsgarden, så dei kunne skjøna at det var noko på ferd der. Ja, kolbrennaren ville vera med, han òg, og tok på seg prestekleda, endå kjerringa bad han halda seg heime.

At the palace, all the strangers were invited in to the king and the wood-collier followed them as well. Well the king said that someone had stolen his most expensive ring, therefore he had gathered together all the knowledgeable priests in the land, to see if anyone could find the ring.

The one who can say who the thief is will be well paid for it, said the king. He went from one to the other and asked them all, and when he came to the wood-collier, he said: — Who are you? — I am the wise priest and the true prophet, answered the wood-collier.

— So, you should be able to tell me who took my ring, then, said the king. — Well, it's not absolutely impossible that what has happened in the darkness can be seen in the light of day, said the wood-collier. — But if the thief is to be seen, I need a lot of time and a lot of paper to calculate and write on.

He was given a chamber for himself in the palace, and as much paper as he wanted. And they soon realized that he had to know more than just the Lord's Prayer, because he wrote on so much paper that it lay in big heaps and piles, and nobody could understand his scribbles and squiggles.

But time passed by, and he did not get any information on any thief. At last the king said that if he had not found the thief in three days, he would lose his life. — The one who wants advice shall not be in a rush, said the wood-collier. But the king stood by what he had said, and would not wait any longer.

Now, there were three of the king's servants who attended to the wood-collier every day, and these three had conspired together to steal the ring. When one of the servants came in to clear the table from the evening meal, the wood-collier drew a deep sigh and looked at him and said: — This is the first one!

· · · · ·

I kongsgarden vart alle dei framande bedne inn til kongen, og kolbrennaren følgde med, han og. Så sa kongen at einkvan hadde stole den dyraste fingerringen hans, difor hadde han bede saman alle dei prestlærde i landet, om nokon av dei kunne finna ringen.

Den som kunne seia kven tjuven var, skulle få god løn for det, sa kongen. Han gjekk frå den eine til den andre og spurde dei alle saman, og då han kom til kolbrennaren, så sa han: — Kven er du? — Eg er den vise prest og den sanne profet, svara kolbrennaren.

— Så kan du vel seia meg kven som har teke ringen min, då? sa kongen. — Ja, det er ikkje reint ut av von og vit at det som har hendt i mørkret kan syna seg i ljoset, sa kolbrennaren. — Men skal tjuven fram, må eg ha god tid og mykje papir å rekna og skriva på.

Ja, han fekk eit kammers for seg sjølv i kongsgarden, og så mykje papir han ville. Og dei skjøna snart at han måtte kunna meir enn faderår, for han skreiv opp så mykje papir at det låg der i digre dungar og haugar, endå ingen skjøna krokane og kråketærne hans.

Men tida leid, og han fekk ikkje greie på nokon tjuv. Til sist sa kongen at hadde han ikkje funne tjuven om tre dagar, så skulle han missa livet. — Den som skal rå, får ikkje vera for brå, sa kolbrennaren. Men kongen stod på sitt, han, og ville ikkje venta lenger.

No var det tre av tenarane til kongen som varta han opp kvar sin dag, og desse tre hadde vore saman om å stela ringen. Då den eine tenaren kom inn og tok av bordet etter kveldsmaten, drog kolbrennaren ein djup sukk og såg på han og sa: — Det var den fyrste!

What he meant was that this was the first of the three days that he had left to live. But the servant was frightened. — This priest can do more than just eat, he said to his friends when they were alone. — I am the first one, he said, and then he looked so strangely at me.

The one who serves him the next day, should take note of what he says. Oh aye, when he cleared the table after the evening meal, the wood-collier stared at him and sighed in sadness. — This is the second one, he said. The servant was not slow in telling his friends what had happened.

Then the third one was to take note of what happened the following day. It went worse and not better, because when the servant touched the door and was about to take out the cups and plates, the wood-collier folded his hands and said: — This is the third one. And he let out such a sigh, as if his heart was about to burst.

The servant ran out so frightened that he could barely breathe, and said that this was indeed a dark day, as the priest knew everything. And so they went to the wood-collier and begged and pleaded on their knees that he must not tell that it was they who had taken the ring; and they would each give him one hundred dollars.

He promised both firmly and sternly that he would keep quiet, if only he was given the money and the ring and a big helping of porridge. Inside the porridge he hid the ring, and then let one of them give the porridge to the biggest boar that the king owned. The three hundred dollars he put in his pocket.

In the morning, the king arrived. He was not happy and wanted to know who the thief was. — Well, I have calculated and written through many countries, said the wood-collier, — but it is not a person that has taken your ring. — Phooey, then in your mind what is it then? asked the king.

・・・・・

Han meinte at det var den fyrste av dei tre dagane han hadde att å leva. Men tenaren vart redd. — Denne presten kan meir enn mata seg, sa han til kameratane sine då han fekk dei for seg sjølv. — Eg var den fyrste, sa han, og så såg han så underleg på meg.

Den andre, som varta han opp neste dagen, skulle merka seg vel det han sa. Å jau, då han bar av bordet etter kveldsmaten, glante kolbrennaren stort på han og sukka sårt. — Det var den andre, sa han. Tenaren var ikkje sein med å fortelja det til kameratane sine.

Så skulle den tredje leggja merke til korleis han bar seg dagen etter. Det gjekk verre og ikkje betre, for då tenaren tok i døra og skulle gå med koppar og fat, la kolbrennaren i hop hendene sine og sa: — Det var den tredje. Og han sukka som hjarta ville bresta.

Tenaren kom ut så skremd at han mest ikkje kunne pusta, og sa det var grei sak at presten visste alt. Og så gjekk dei inn og gjorde knefall for kolbrennaren og bad og velsigna at han måtte ikkje seia det var dei som hadde teke ringen, så skulle dei gje han hundre dalar kvar.

Han lova både visst og vel at han skulle teia, når berre han fekk pengane og ringen og ein stor grautklump. Den balla han ringen vel inn i, og let så ein av dei gje grautklumpen til den største galten som kongen åtte. Dei tre hundre dalarane stakk han i lomma.

Om morgonen kom kongen. Då var han ikkje grei og ville ha rett på tjuven. — Ja, no har eg rekna og skrive gjennom mange land, sa kolbrennaren, — men det er ikkje noko menneske som har stole ringen. — Pøh! Kven er det då, skal tru? spurde kongen.

— Oh, it is the big boar that the king owns, said the wood-collier. Well they butchered the boar, and inside they found the ring, as they had expected. The king was so happy that he gave the wood-collier a parish to serve in, and he was also given a horse and a farm and one hundred dollars, as well.

The first Sunday after the wood-collier had arrived at the new parish, he was to go to the church and read his letter of calling. But before he left he wanted some morning tea. So he put away the letter of calling near the flatbread, but then accidently dipped the letter in the broth instead of dipping the flatbread.

When he felt that it was tough to chew, he gave the dog the whole bit, and the dog wolfed it down straight away. When the wood-collier saw that the letter of calling was gone, he did not know what to do. But to the church he had to go, as the congregation was waiting.

When he arrived at the church, he climbed straight up onto the pulpit. There he began to praise himself so much that everyone thought: Here is a grand priest. But when it came to the sermon itself, it was not so grand. The wood-collier cleared his throat and said:

— The words my friends, you were meant to hear today, went to the dogs. But come back another Sunday my dear congregation, then you will hear something different. And hereby the sermon is finished! The people thought that this was a strange priest, because such a sermon they had never before heard.

The Sunday after it went worse and not better, so they complained to the bishop. But the day before the bishop was to arrive, the wood-collier went to the church without anybody else knowing and he sawed through the pulpit so that it was barely standing there if one was to be careful at the top.

· · · · ·

— Å, det er den store galten til kongen, sa kolbrennaren. Ja, dei tok og slakta galten, og ringen hadde han i seg, det var rett nok det. Kongen vart så glad at han gav kolbrennaren eit prestekall, og så fekk han hest og gard og hundre dalar attpå.

Fyrste sundagen etter at kolbrennaren var komen til det nye prestegjeldet, skulle han til kyrkja og lesa opp kallsbrevet. Men før han reiste, skulle han ha dugurd. Så la han frå seg kallsbrevet på flatbrødet, men tok så i miss og duppa brevet i soddet.

Då han kjende det var seigt å tyggja, gav han hunden heile beten, og han glefste det i seg med det same. Då kolbrennaren såg at kallsbrevet var borte, visste han ikkje korleis han skulle stella seg. Men til kyrkja måtte han, for allmugen venta.

Då han kom dit, drog han beint opp på preikestolen med det same. Der tok han til å hevja seg slik at alle tenkte: Det er visst svært til gild prest. Men då det bar til med sjølve talen, vart det ikkje så gildt likevel. Kolbrennaren krempta og sa:

— Dei ord, mine tilhøyrarar, som de skulle få høyra denne dag, for i hundane. Men kom att ein annan sundag, mine kjære soknefolk, så skal de få anna å høvra. Og dermed er denne preika ute! Dette tykte folk var ein underleg prest, for slik preike hadde dei aldri høyrt.

Sundagen etter gjekk det verre og ikkje betre, og så klaga dei til bispen. Men dagen før bispen skulle koma, var kolbrennaren i kyrkja så ingen visste om det, og saga laus preikestolen, så det var så vidt han hang der når ein gjekk varleg opp på han.

Then as the congregation was gathered and he was about to preach in front of the bishop, he crept up the pulpit and began as he normally began. He threw his arms out and cried: — On this day there shall be a fall that there has not been anything like since the world was created!

With that he banged the pulpit so that it thundered, and the pulpit and the priest and the whole kit and caboodle, came rumbling down with a crash. Every parishioner rushed out of the church as if doom's day was upon them. Such a thing had never happened in living memory. But the bishop stopped them in the churchyard.

The bishop said that he could do nothing but wonder why the congregation would complain about a priest who had such gifts on the pulpit, and also foretell the future. He thought that he should at least be a dean, said he, and it was not long before he was that as well.

It was so that the king and the queen of this country had no children, but when the king heard that maybe one would be coming, he wanted to know if it was a prince or a princess. He summoned all the learned people together to the palace and asked them.

But not one of them could say if it was to be a boy child or a girl child that the queen was to have. Then both the king and the bishop remembered the wood-collier. They sent a message to him, and as soon as he arrived at the palace, they took him aside and began asking him for an answer.

But the wood-collier could not say anything for sure either, because it was not good to guess what no one could know. This time he had no idea as to what he should do. He just wringed his hands and asked so sincerely if he could not be excused from answering this.

• • • • •

Då så kyrkjelyden var samla og han skulle til å preika for bispen, stiltra han seg opp på stolen og tok til å leggja ut slik som han brukte. Han slo ut med armane og ropa: — På denne dagen vil det skje eit fall som det ikkje har vore maken til sidan verda var skapt!

Dermed slo han i stolen så det dundra, og preikestolen og presten og heile hurven ramla ned av kyrkjeveggen med eit brak. Alt folket sette ut or kyrkja som dommedag skulle til å koma. Slikt hadde aldri hendt i manns minne. Men bispen fekk stogga dei ute på kyrkjebakken.

Bispen sa at han kunne ikkje anna enn undrast på at kyrkjelyden ville klaga på ein prestemann som hadde slike gåver på stolen, og jamvel kunne spå om komande ting. Han syntest han minst burde vera prost, sa han, og det var heller ikkje lenge før han vart det.

No var det så at kongen og dronninga der i landet ikkje hadde born, men då kongen fekk høyra at det kanskje kunne koma eit, vart han forviten etter å vita om det skulle verta ein prins eller ei prinsesse. Han kalla alle dei lærde saman i kongsgarden og spurde dei.

Men ingen av dei kunne seia om det var gutebarn eller jentebarn dronninga skulle få. Då kom både kongen og bispen til å hugsa på kolbrennaren. Dei sende bod etter han, og straks han kom til kongsgarden, fekk dei han imellom seg og tok til å spørja han ut.

Men kolbrennaren kunne ikkje seia noko visst, han heller, for det var ikkje godt å gjeta det som ingen kunne vita. Denne gongen visste han inga råd. Han berre vreid hendene og bad så inderleg vent om at han måtte sleppa å svara på dette.

— Oh well, said the king, I don't mind if you know or don't know, but you are the wise priest and the prophet who can foresee the future, and if you don't tell me, you will lose both your cape and your collar, said the king.

— And if it's all the same, I will try you out first, he said. And with that he took the largest silver mug that he owned and went down to the beach. — If you can tell me what is in the mug, then you should be able to tell me the other as well, said the king holding onto the lid of the mug.

The wood-collier wringed his hands and carried on. — Oh you most miserable creature and crab on this earth, what have you now got for all your struggles and sweat! said he. — Well, there you see, as if you didn't know! said the king, because he had a big crab inside the silver mug.

So the wood-collier had to go into the parlor to the queen. He took a chair and sat himself in the middle of the floor, and the queen just walked back and forth. — One should not make a stall for an unborn calf, and should not quarrel about the name until the child is born, said the wood-collier.

— But the likes of this I have never heard or seen, he said. — When the queen comes towards me, I think it is a prince, but when she walks away from me, I think it is a princess. Anything else I do not know, he said and heaved a sigh.

It *was* twins, so the wood-collier was correct this time as well. And because he could say what no one could know, he was given loads and loads of money, and became the highest in the land, — after the king of course. Now, that is the end of this story, as now he had more than he had ever wished for.

· · · · ·

— Ja, ja, sa kongen, — eg er like glad anten du veit det eller du ikkje veit det, men du er den vise prest og sanne profet som kan spå om komande ting, og vil du ikkje seia det, skal du missa både kappe og krage, sa kongen.

— Men det er det same, eg skal prøva deg fyrst, sa han. Og så tok han det største sølvkruset han åtte og gjekk ned til stranda. — Kan du seia meg kva som er i det kruset, så kan du nok seia det andre og, sa kongen og heldt på krusloket.

Kolbrennaren vreid berre hendene og bar seg ille. — Å, du ulukkelegaste kryp og krabbe på denne jord, kva har du no for alt ditt slit og slep! sa han. — Ja, der ser du om du ikkje visste det! sa kongen, for han hadde ein stor krabbe i sølvkruset.

Så måtte kolbrennaren inn i storstova til dronninga. Han tok ein stol og sette seg midt på golvet, og dronninga gjekk att og fram i stova. — Ein skal ikkje gjera bås til uboren kalv, og ikkje tretta om namnet før barnet er født, sa kolbrennaren.

— Men maken til dette har eg korkje høyrt eller sett, sa han. — Når dronninga går imot meg, så trur eg mest det vert ein prins, men når ho går ifrå meg, ser det ut som det var ei prinsesse. Noko meir veit ikkje eg, sa han og sukka.

Det *var* tvillingar, så kolbrennaren råka det den gongen og. Og for di han kunne seia det som ingen kunne vita, fekk han pengar i lassevis, og så vart han den høgaste i landet nest etter kongen. Tripp, trapp, trille, han vart meir enn han ville.

1945

1946 (none printed in 1947)

1948

1949

1950

1951

1952 Front

1952 Back

Norwegian Folk Tales, Fairy Tales and Trolls: **Tuss og Troll**

1953 Front   1953 Back

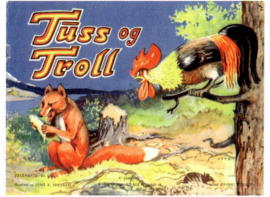

1954 Front   1954 Back

1955 Front   1955 Back

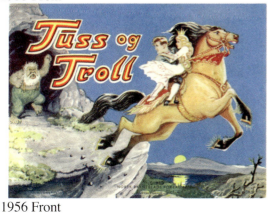

1956 Front   1956 Back

Norwegian Folk Tales, Fairy Tales and Trolls: **Tuss og Troll**

1957

1958

1959

1960

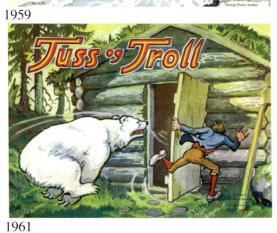
1961

1962

1963

1964

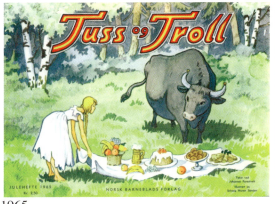
1965

1966

1967

1968

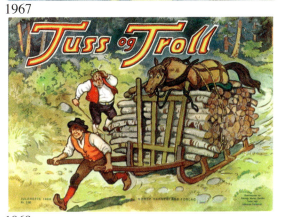
1969

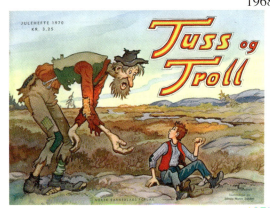
1970

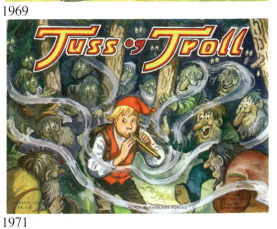
1971

1972

1973

1974

1975

1976

1977

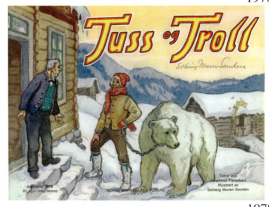
1978

1979

1980

1981

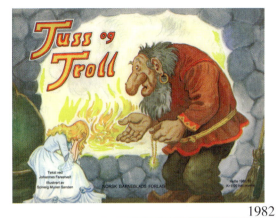
1982

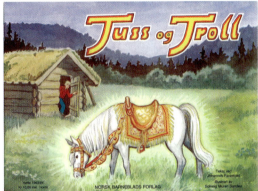
1983

1984

1985

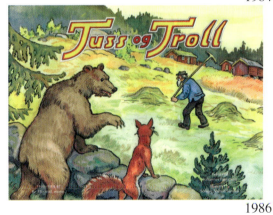
1986

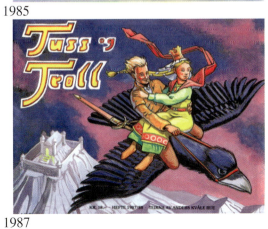
1987

1988

Norwegian Folk Tales, Fairy Tales and Trolls: **Tuss og Troll**

1989

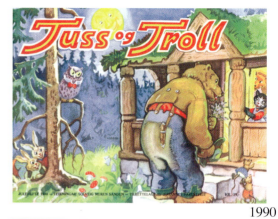
1990

1991

1992

1993

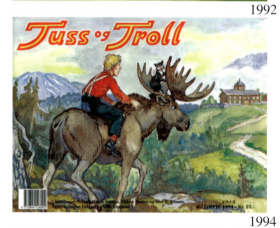
1994

1995

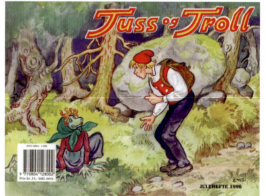
1996

1997

1998

1999

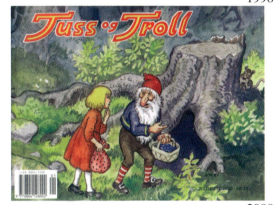
2000

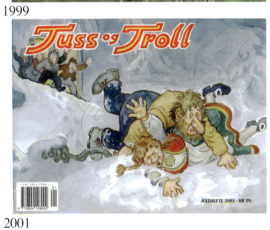
2001

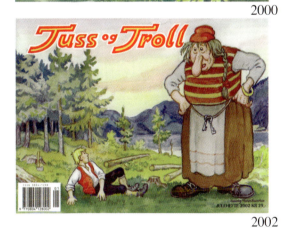
2002

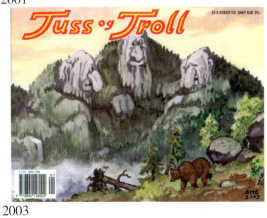
2003

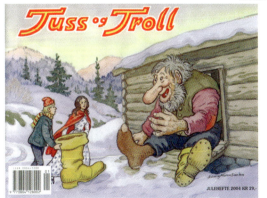
2004

2005 2006

2007 2008

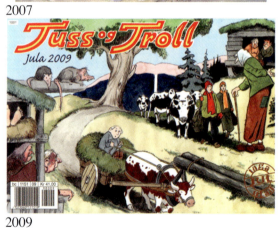
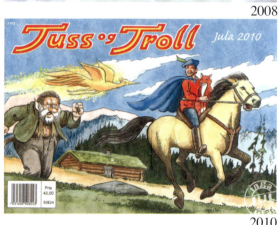

2009 2010

2011 2012